中部地方
ちゅうぶちほう

15 新潟（新潟）
にいがた
16 富山（富山）
とやま
17 石川（金沢）
いしかわ かなざわ
18 福井（福井）
ふくい
19 山梨（甲府）
やまなし こうふ
20 長野（長野）
ながの
21 岐阜（岐阜）
ぎふ
22 静岡（静岡）
しずおか
23 愛知（名古屋）
あいち なごや

1 北海道（札幌）
ほっかいどう さっぽろ

東北地方
とうほくちほう

2 青森（青森）
あおもり
3 岩手（盛岡）
いわて もりおか
4 宮城（仙台）
みやぎ せんだい
5 秋田（秋田）
あきた
6 山形（山形）
やまがた
7 福島（福島）
ふくしま

関東地方
かんとうちほう

8 茨城（水戸）
いばらき みと
9 栃木（宇都宮）
とちぎ うつのみや
10 群馬（前橋）
ぐんま まえばし
11 埼玉（浦和）
さいたま うらわ
12 千葉（千葉）
ちば
13 東京（東京）
とうきょう
14 神奈川（横浜）
かながわ よこはま

SITUATIONAL FUNCTIONAL JAPANESE

VOLUME *2*: DRILLS
SECOND EDITION

TSUKUBA LANGUAGE GROUP

BONJINSHA CO.,LTD.

Published and distributed in Japan by BONJINSHA Co., Ltd.,
1-3-13 Hirakawa-chō, Chiyoda-ku, Tokyo
Telephone 03-3263-3959
Copyright © 1992, 1994. by Tsukuba Language Group. All rights reserved.
Printed in Japan.

First edition, 1992
Second edition, 1994   ISBN978-4-89358-255-3

CONTENTS

Abbreviations and Notations

This is a list of main symbols used in this book:

⇨	Refer.
GN	Grammar Notes
CN	Conversation Notes
SD	Structure Drills
CD	Conversation Drills
🄵	formal/polite speech
🄲	casual/plain speech
⬆	speaking to a Higher
⬇	speaking to a Lower
➡	speaking to an Equal
🕴	spoken by male
🧍	spoken by female
☆	complex, advanced drills
📼	recorded on the tape
👥	practice involving two or more people (Tasks)
♪	conversation after a chime (CD Check)
♫	conversation after chimes (CD Check)
➡	TM

This volume is the second of the three volume work, "Situational Functional Japanese". Preliminary explanation may be found in "How to Use This Book" in Volume 1.

病院で
びょう いん

At a hospital

● *New Words in Drills*

・used only in Conversation Drills

Verbs:

＜person＞が		
疲れる（Ⅱ）	つかれる	*to get tired*
＜person＞が **＜thing＞を**		
あびる（シャワー，etc.）（Ⅱ）		*to take (a shower etc.)*
ひく（かぜ）（Ⅰ）		*to catch (a cold)*
＜person＞が **＜place＞を**		
そうじする（Ⅲ）		*to clean (a room etc.)*
＜person＞が **＜hospital＞に**		
入院する（Ⅲ）	にゅういんする	*to be hospitalized*
＜person＞が **＜place＞に** **＜thing＞を**		
・持ってくる（Ⅲ）	もってくる	*to bring*
＜person＞が／に **＜thing＞が**		
できる（Ⅱ）		*to be able to do* ⇨L14 GN I

Keego verbs:

いらっしゃる（Ⅰ）	*to go, to come, to be*
めしあがる（Ⅰ）	*to eat, to drink*
おっしゃる（Ⅰ）	*to say*
ごらんになる（Ⅰ）	*to see*

なさる（Ⅰ）		to do

Adjectives:

・ひどい		terrible
・だるい		weary, listless
・苦しい	くるしい	difficult to breathe
ねむい		sleepy
若い	わかい	young
早い	はやい	early
涼しい	すずしい	cool
つまらない		boring
きたない		dirty, filthy
まじめ（な）		serious, hardworking
親切（な）	しんせつ（な）	helpful, nice
有名（な）	ゆうめい（な）	famous
不便（な）	ふべん（な）	inconvenient
心配（な）	しんぱい（な）	worrying
大変（な）	たいへん（な）	hard to do

Other words:

～だけ		only ~
～回	～かい	~ times
～はい		~ glasses, ~ cups
・～度～分	～ど～ぶ	~ point ~ degress
もう少し	もうすこし	a little more
家	いえ	house
夏休み	なつやすみ	summer vacation
・おととい		the day before yesterday
仕事	しごと	work, business
兄	あに	my elder brother
弟	おとうと	my younger brother
お兄さん	おにいさん	s.o. else's elder brother
姉	あね	my elder sister
奥さん	おくさん	s.o. else's wife

● *Additional New Words in Drills*

Verbs:

記入する (Ⅲ)	きにゅうする	*to fill in*
はく (Ⅰ)		*to breathe out, to vomit*
ひねる (Ⅰ)		*to twist*
ころぶ (Ⅰ)		*to fall down, to have a fall*
切る (Ⅰ)	きる	*to cut*

Body parts:

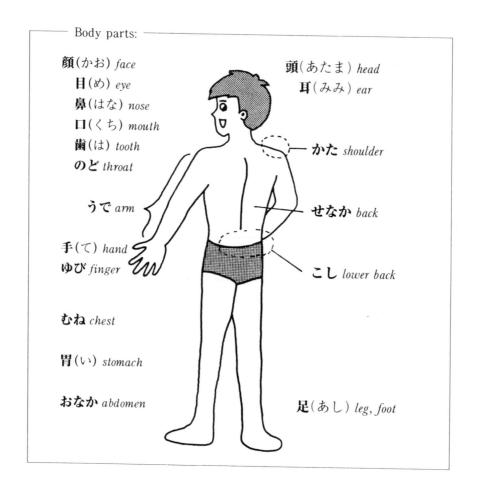

顔 (かお) *face*
目 (め) *eye*
鼻 (はな) *nose*
口 (くち) *mouth*
歯 (は) *tooth*
のど *throat*

うで *arm*

手 (て) *hand*
ゆび *finger*

むね *chest*

胃 (い) *stomach*

おなか *abdomen*

頭 (あたま) *head*
耳 (みみ) *ear*

かた *shoulder*

せなか *back*

こし *lower back*

足 (あし) *leg, foot*

Sickness:

食欲がない	しょくよくがない	*to have no appetite*
せきが出る	せきがでる	*to have a cough*
げりをする		*to have diarrhea*
はきけがする		*to feel like vomiting*
けがをする		*to get injured*

Nouns:

初診	しょしん	*first visit to a hospital*
用紙	ようし	*form*
～の方	～のかた	*the person*
保険証	ほけんしょう	*health insurance card*
自費	じひ	*self-sponsored, private*
受診カード	じゅしんカード	*consaltation card*
平成	へいせい	*Heesee Era (1989～)*
アレルギー		*allergy*
アスピリン		*aspirin*
抗生物質	こうせいぶっしつ	*antibiotics*
カプセル		*capsule*
せきどめ		*cough suppressant*
食後	しょくご	*after meals*
ビタミン		*vitamin*
受付	うけつけ	*reception*
患者	かんじゃ	*patient*
医者	いしゃ	*doctor*

Structure Drills

1. a. Combine the sentences into one.

リサさんのアパートは新しいです　＋　きれいです

→　リサさんのアパートは新しくて、きれいです。

1. あのレストランは安いです　＋　おいしいです
2. 木村先生の奥さんは若いです　＋　元気です
3. この料理はかんたんです　＋　おいしいです
4. 佐藤さんはまじめです　＋　親切です
5. 山田さんのお兄さんは英語の先生です　＋　いま30歳です
6. 私の弟は結婚しています　＋　子どもが二人います
7. 熱があります　＋　せきも出ます

b. Combine the sentences into one.

ヤンさんのアパートは古いです　＋　きれいです

→　ヤンさんのアパートは古いですが、きれいです。

1. このかばんは小さいです　＋　重いです
2. この仕事は大変です　＋　おもしろいです
3. ここは不便です　＋　静かです
4. あの映画は有名です　＋　つまらないです
5. アリスさんはアメリカの人です　＋　英語ができません

c. Complete the sentences using〜て or 〜が.

1. ○○大学は、＿＿＿＿＿＿＿＿＿＿＿＿＿＿＿＿＿＿＿＿＿＿。
2. 私の部屋は、＿＿＿＿＿＿＿＿＿＿＿＿＿＿＿＿＿＿＿＿＿。
3. 私の国は、＿＿＿＿＿＿＿＿＿＿＿＿＿＿＿＿＿＿＿＿＿＿。
4. 私の○○は、＿＿＿＿＿＿＿＿＿＿＿＿＿＿＿＿＿＿＿＿＿。

2．Change the sentences as in the example:

木村先生は研究室にいます。
き むらせんせい　けんきゅうしつ
→　木村先生は研究室にいらっしゃいます。

1. 先生がそう言いました。
い

2. いつ日本に来ましたか。
に ほん　き

3. 先生もこの映画を見ましたか。
えい が　み

4. どうぞ、これを食べてください。
た

5. いつ 入 院しましたか。
にゅういん

6. 佐藤さんはコーヒーを飲みますか。
さ とう　の

7. もう 病 院に行きましたか。
びょういん　い

8. 木村先生は大学の近くに住んでいます。
だいがく　ちか　す

3．Change the sentences as in the examples:

1) コーヒーを飲みました。　　　→　コーヒーだけ（を）飲みました。

2) コーヒーを一ぱい飲みました。　→　コーヒーを一ぱいだけ飲みました。
いっ

1. ひらがなを習いました。
なら

2. 住 所と名前を書いてください。
じゅうしょ　な まえ　か

3. 少し水を飲みました。
すこ　みず

4. このアパートには、学生が住んでいます。
がくせい

5. 研究室には先生がいらっしゃいます。

6. 一 週 間 入 院しました。
いっしゅうかんにゅういん

7. ラオさんがまだ来ていません。

8. 一回見ました。
いっかい

☆ **4.** Practise the dialogue as in the examples:

1) **Q**：さとうもミルクも入れるんですか。

   A：いいえ、さとうだけです。ミルクはいれません。

2) **Q**：土曜日にも日曜日にも出かけるんですか。

   A：いいえ、土曜日だけです。日曜日には出かけません。

1. **Q**：日本人の学生も留学生も来るんですか。
2. **Q**：大学でも家でも日本語を話すんですか。
3. **Q**：頭もおなかも痛いんですか。
4. **Q**：妹さんも弟さんも東京に住んでいらっしゃるんですか。

5. Look at the pictures and describe the changes.

大きい　→　<u>大きくなりました。</u>　　1. ねむい

2. 友だちだ　　　　　　　　　　　3. 涼しい

4. 便利だ　　　　　　　　　　　5. 病気だ

6. Practise as in the example:

高いですね。もう少し安くしてください。

42,000円！

1. 大きいですね。もう少し_____。

2. きたないですね。もう少し_____。

3. うるさいですね。もう少し_____。

4. 難しいですね。もう少し_____。

5. 早いですね。もう少し_____。

7. Practise as in the example:

早い・起きる　→　早く起きてください。

グーグー

1. 大きい・書く

2. 静かだ・閉める

3. かんたんだ・説明する

4. 早い・来る

5. きれいだ・そうじする

6. まじめだ・勉強する

8. Change the sentences as in the example:

リサ：「きょうは大学を休みます。」

→ リサさんが、きょうは大学を休むと │ 言いました。
　　　　　　　　　　　　　　　　　　　│ 言っています。

1. シャルマ：「漢字はおもしろいです。」
2. 伊藤：「京都はきれいです。」
3. プラニー：「少し疲れました。」
4. 木村先生：「来週はひまです。」
5. 田中：「まだ実験が終わっていません。」
6. プラニー：「夏休みに、兄が日本へ来ます。」

9. a. Combine the sentences into one.

頭が痛いです ＋ 授業を休みます
→ 頭が痛いので、授業を休みます。

1. 暑いです ＋ シャワーをあびます。
2. 日本で働きたいです ＋ 日本語を勉強します
3. きのうはとても寒かったです ＋ かぜをひきました
4. 日本語の勉強が大変です ＋ 専門の勉強ができません
5. 母の病気が心配でした ＋ 国に電話しました
6. 来週はゼミの発表です ＋ 今週は忙しいです
7. 毎日10時まで働きます ＋ とても疲れます
8. 家族から手紙が来ません ＋ 心配です
9. 姉が入院しました ＋ 国に帰りました
10. 日本語ができませんでした ＋ 英語で説明しました

b. Complete the sentences.

1. きのうはとても天気がよかったので、＿＿＿＿＿＿＿＿＿＿＿＿＿＿。
   （てん き）

2. A：来週の日曜日、ひまですか。
   （らいしゅう　にちようび）
   B：すみません。＿＿＿＿＿＿＿＿＿＿＿＿＿＿ので、忙しいんです。
   （いそが）

3. A：あした3時にここへ来てください。
   （じ）　　　　　　（き）
   B：すみません。＿＿＿＿＿＿＿＿＿ので、あさってでもいいですか。

4. A：もう専門の辞書を買いましたか。
   （せんもん　じ しょ　か）
   B：いえ、＿＿＿＿＿＿＿＿＿＿＿＿＿ので、まだ買っていません。

5. A：出かけるんですか。
   （で）
   B：ええ、＿＿＿＿＿＿＿＿＿＿＿＿＿ので、ちょっと病院まで。
   （びょういん）

Conversation Drills

1. Explaining symptoms (S-1)

a. At the reception

A：受付の人（receptionist）
　　うけつけ　ひと

B：患者（patient）
　　かんじゃ

のどが痛い

> A：どうなさいましたか。
>
> B：ちょっと、のどが痛いんです。
> 　　　　　　　　　　いた

1. おなかが痛い

2. かぜをひいた

3. 食欲がない
　　しょくよく

4. 熱がある
　　ねつ

5. せきがでる

6. 気分が悪い
　　き ぶん　わる

7. 頭が痛い
　　あたま

8. はきけがする

9. げりをしている

b.　In the consultation room

b-1.　Illness

A：医者（doctor）　　B：患者（patient）
　　い　しゃ　　　　　　　　かんじゃ

> A：どうしましたか。
> B：<u>のどが痛くて</u>、<u>せきがひどい</u>んです。
> 　　　　　いた
> A：そうですか。

のどが痛くて　　せきがひどい

1.　かぜをひいて　　のどが痛い

2.　耳が痛くて　　　熱がある
　　みみ　　　　　　ねつ

3.　胃が痛くて　　　はきけがする
　　い

4.　せきが出て　　　苦しい
　　　　で　　　　　くる

5.　だるくて　　　　食欲がない
　　　　　　　　　しょくよく

b-2.　Injury

> A：どうしました。
> B：あのう、きのう、<u>階段から落ちて</u>、
> 　　　　　　　　　かいだん　　お
> A：ふんふん。
> B：<u>足をひねった</u>んです。
> 　　あし
> A：そうですか。

階段から落ちて　　足をひねった

1.　ころんで　　　　　手にけがをした
　　　　　　　　　　　て

2.　走っていて　　　　足をひねった
　　はし

3.　実験をして　　　　ゆびを切った
　　じっけん　　　　　　　　き

4.　テニスをして　　　こしをひねった

5.　自転車に乗っていて　ころんだ
　　じてんしゃ　の

c.

> A：どうしたんですか。
>
> B：ちょっと、頭が痛いんです。
> 　　　　あたま　いた
>
> A：いつからですか。
>
> B：きのうからです。
>
> A：熱は。
> 　　ねつ
>
> B：7度5分ぐらいです。
> 　　ど　ぶ
>
> A：じゃ、ちょっと見ましょう。
> 　　　　　　　み

頭が痛い	きのう	7度5分ぐらいです
1. 歯が痛い は	きのうのばん	8度ぐらいです
2. 食欲がない しょくよく	2週間ぐらい前 しゅうかん　まえ	少しあります すこ
3. こしが痛い いた	おととい	ありません
4. はきけがする	1週間ぐらい前 しゅうかん　まえ	わかりません
5. せきがひどい	2、3日前	7度8分です

2. At the reception（GI. 2）

a.　　A：患者（patient）　　B：受付の人（receptionist）
　　　　かんじゃ　　　　　　　　うけつけ　ひと

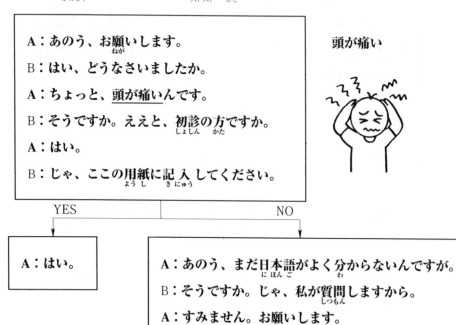

> A：あのう、お願いします。
> 　　　　　ねが
>
> B：はい、どうなさいましたか。
>
> A：ちょっと、頭が痛いんです。
>
> B：そうですか。ええと、初診の方ですか。
> 　　　　　　　　　　　　しょしん　かた
>
> A：はい。
>
> B：じゃ、ここの用紙に記入してください。
> 　　　　　　　ようし　きにゅう

頭が痛い

YES　　　　　　　　　　　NO

> A：はい。

> A：あのう、まだ日本語がよく分からないんですが。
> 　　　　　　　　にほんご　　　わ
>
> B：そうですか。じゃ、私が質問しますから。
> 　　　　　　　　　　　　しつもん
>
> A：すみません。お願いします。

1. 熱がある   2. おなかが痛い   3. 足が痛い
4. 歯が痛い   5. ここが痛い

☆b.   Presenting your National Health Insurance card.

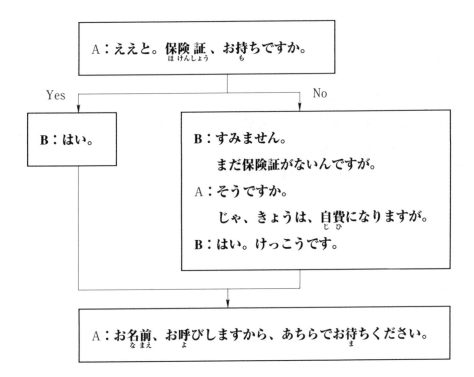

A：ええと。保険証、お持ちですか。

Yes   No

B：はい。

B：すみません。
　　まだ保険証がないんですが。
A：そうですか。
　　じゃ、きょうは、自費になりますが。
B：はい。けっこうです。

A：お名前、お呼びしますから、あちらでお待ちください。

3. Filling out the consultation card （Gl. 2）

a.   Hand out information cards and practise in pairs.

A：受付の人   B：アニル シャルマ

A：お名前は。

B：アニル シャルマです。

A：きょうは、どうしましたか。

B：頭が痛いんです。

A：いつからですか。

B：2、3日前からです。

A：熱は。

B：8度ぐらいです。

A：そうですか。何かアレルギーありますか。

B：いいえ。

A：いま、薬を飲んでいますか。

B：はい。アスピリンを。

A：たばこ、すいますか。

B：ええ。

A：1日何本ぐらい。

B：そうですね。10本ぐらいだと思います。

A：そうですか。わかりました。

B：どうもありがとうございました。

1. Ask/answer questions in accordance with the consultation card（受診カード）below.

```
                受 診 カ ー ド

                        平成    年    月    日
                氏名（              ）男・女


1．きょうは、どうして病院に来ましたか。
        （                          ）
2．それは、いつからですか。
        （            ）日／週／月　前
3．熱はありますか。        （　）度（　）分
4．アレルギーがありますか。
        はい／いいえ        何ですか（            ）
5．何か薬を飲んでいますか。
        はい／いいえ        何ですか（            ）
6．たばこをすいますか。
        はい／いいえ        1日（        ）本ぐらい
```

2. Fill out the consultation card according to what your partner has said.

The information cards:

> 1. かぜをひいた
> 2. きのうの朝
> 3. 38度
> 4. いいえ
> 5. はい　　アスピリン
> 6. はい　　10本

☆b.　Explain your partner's symptoms as in the example.

> アニルさんは、（　　　　　　　）から、（　　　　　　　）と言っています。
>
> 熱は、｛（　　）度（　　）分です。
> 　　　｛ありません。

4. Asking how to take a medicine（Gl. 4）

A：患者（patient）　　　B：薬局の人（pharmacist）

> A：２５６番です。○○です。
> B：○○さんですね。
> A：はい。あのう。これは、何の薬ですか。
> B：これは、抗生物質で、このカプセルは、せきどめです。
> A：いつ飲みますか。
> B：食後に飲んでください。
> A：はい。わかりました。じゃ、どうも。
> B：お大事に。

5. Telling your teacher about your partner's symptoms

a. To a teacher

A：先生。ちょっと、よろしいですか。

B：はい。何。↗

A：○○さんのことなんですが。

B：ええ。どうしたんですか。

A：きのうの夜から、おなかが痛いので、
きょうのクラスを休みたいと言っていました。

B：ああ、そう。熱は。

A：7度5分ぐらいあると言っていましたけど。

B：そうですか。どうもありがとう。

きのうの夜から	おなかが痛い	クラスを休む
1. けさから	頭が痛い	保健センターに行く
2. さいきん	疲れる	病院に行く
3. きのうの夜	耳が痛くなった	保健センターに行く

b. To your friend

Practise the dialogue with your partner, using the cues above.

A：○○さん、きょうの授業休んだけど、どうしたのかな。

B：きのうの夜から、おなかが痛いんだって。

A：ふーん。そう。

B：うん。それで、病院に行くって言ってたよ。

A：熱、あるの。

B：7度5分ぐらいあるって言ってたよ。

A：大丈夫かな。

6. Role play

1. You've caught a cold and go to a hospital. Explain your symptoms to the doctor.

2. Your friend has sprained his/her leg and you go to a hospital with him/her. Explain his/her symptoms to the doctor.

☆3. Your friend suddenly developed a sharp pain in his abdomen. The pain gets much worse when walking, and s/he has a slight fever. Call an ambulance. (Dial 119) and tell the officer your address and your friend's symptoms.

Tasks and Activities

1. You are going to hear a conversation at the information desk of a hospital. Listen to the tape and write the corresponding letter which indicates to which department the person will go.

病院の案内図
びょういん　あんない ず

6 階 かい	（a）外科 げ か	（b）整形外科 せいけい げ か	
5 階	（c）内科 ない か		
4 階	（d）皮膚科 ひ ふ か	（e）神経科 しんけい か	
3 階	（f）耳鼻咽喉科 じ び いんこう か	（g）眼科 がん か	
2 階	（h）産婦人科 さん ふ じん か	（i）小児科 しょうに か	
1 階	受付・薬局・売店 うけつけ　やっきょく　ばいてん		

example　i　1.___　2.___

3.___　4.___　5.___

受付時間
9:00 ～11:30
1:00 ～4:30

2. Here are some medicines for internal use. Fill in the blanks.

a. 1日に_____回飲みます。_____日分です。_____時間おきに、カプセルを
　　いちにち　　かいの　　　　　　かぶん　　　　　　じかん

　　_____個飲みます。
　　　　　こ

　　　　カプセル *capsule*　　　〜時間おき 〜*hour interval*　　　〜個（counter）

a.

内　用　薬

佐藤 ひろし　様

用法　1日　3回　2日分

○毎食 （ 前・後・直後・間 ）
 8 時間おき ねる前

1回に 散　剤 □包
　　　 錠剤 色□ 色□ 色□ 錠 服用
　　　 カプセル 1 個

平成 12 年 1 月 3 日

松見市けやき台103
玉沢内科医院
TEL 66 (0129)

b.

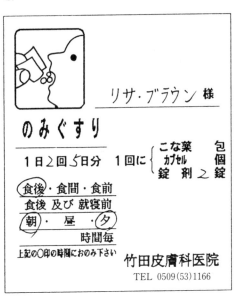

のみぐすり

1日2回5日分　1回に { こな薬 包
　　　　　　　　　　　 カプセル 個
　　　　　　　　　　　 錠 剤 2 錠

食後・食間・食前
食後 及び 就寝前
朝 ・ 昼 ・ 夕
　　　　時間毎
上記の○印の時間におのみ下さい

竹田皮膚科医院
TEL 0509(53)1166

b. 1日に_____回飲みます。_____日分です。_____ごはんと_____ごはん

　　のあとで、_____錠飲みます。
　　　　　　　　　　じょう

　　　　〜あとで *after* 〜　　〜錠 〜*tablets*

c. ＿＿＿＿＿＿の薬です。1日に＿＿＿＿回飲みます。15才以上は、1回に
＿＿＿＿カプセル、7才から14才は、1回に＿＿＿＿カプセルを、食事のあとに飲
みます。飲んだあと、＿＿＿＿＿＿＿＿をしないでください。

15才(歳)以上 age 15 and over　　食事 meal

運転をしないでください don't drive　　服用後 after taking the medicine

15才未満 less than 15 (not including 15)

c.

コンタック®総合感冒薬

【適応症】
かぜの諸症状 ─ 鼻水、鼻づまり、くしゃみ、のどの痛み、せき、たん、悪寒、発熱、頭痛、関節の痛み、筋肉の痛み ─ の緩和
【6カプセル中の成分】
● 熱・痛みの緩和
〈2種の解熱鎮痛剤〉
アセトアミノフェン ……………………270mg
エテンザミド ……………………………1,050mg
● せき中枢に作用し、無駄なカラセキを抑えます
〈非習慣性鎮咳剤〉
ノスカピン ………………………………48mg
● 気管支のけいれんをしずめてせきを抑え、気管支を

【用法・用量】
下記の1回量を1日3回食後なるべく
30分以内に服用します。

| 成人(15才以上) | 1回2カプセル |
| 7才以上15才未満 | 1回1カプセル |

【使用上の注意】
1. 服用後は自動車等
の運転をしないでく
ださい。

d. ＿＿＿＿＿＿や歯などが痛いときや、熱があるときなどに飲みます。

15才以上は、1回に＿＿＿＿錠、1日＿＿＿＿回まで飲んでもいいです。

d.

バファリン*A　（非ピリン系）　36錠

包装：12錠、24錠、48錠、96錠もあります。

■効能　(1)頭痛・歯痛・月経痛(生理痛)・抜歯後の疼痛・関節痛・神経痛・腰痛・筋肉痛・肩こり痛・打撲痛・ねんざ痛の鎮痛　(2)悪寒・発熱時の解熱
■特長　バファリンAには制酸緩衝剤ダイアルミネートが配合されていますから、胃液の酸度を適切に調整します。だから胃にやさしく鎮痛・解熱成分の吸収をはやめます。
■用法用量　15才以上、1回2錠、1日2回を限度とし、なるべく空腹時をさけて服用し、服用間隔は6時間以上おいてください。
■成分(1錠中)　アセチルサリチル酸…0.33g／ダイアルミネート…0.15g(アルミニウムグリシネートと重質炭酸マグネシウムの1:2の混合物)　※小児にはフルーツの味、のみやすい小児用バファリンCⅡをおすすめします。

■ご注意　★小児の手の届かないところに保管してください。
★ご使用の際には、添付の説明書をよく読んで、お使いください。

発売元　萬有製薬株式会社　〒103 東京都中央区日本橋本町2-2-3
製造元　ライオン株式会社 Ｗ 〒130 東京都墨田区本所1-3-7
ブリストルマイヤーズ・ライオン株式会社
＊Bristol-Myers Squibb Co., New York, N.Y., U.S.A. Reg. Trade Mark
BFAG 9008

3. a. You will hear a policeman questioning a witness about a suspect.

Listen to the tape and complete the chart.

	a. 四角い しかく	b. 丸い まる	c. 長い なが
顔 かお			
	a. 短い みじか	b. 長い なが	c. うすい
かみ			
	a. 小さい ちい	b. 大きい おお	c. ほそい
目 め			
	a. ない	b. はなの下 した	c. あご
ひげ			

ひげ　*moustache, beard, whiskers*

	example	1	2	3
顔	b			
かみ	b			
目	a			
ひげ	a			

b. Listen to the tape and choose the corresponding pictures.

1. ___ 2. ___ 3. ___ 4. ___

a.

b.

c.

d.

e.

f.

g.

h.

i.

4. Fill in the application forms.

a.

年　　月　　日　AM　PM　夜間

診察申込書

登録番号			

※太線の中のみ記入して下さい。

※以前、当院で受診したことがありますか。	な い・あ る			科　　　年　　　　月頃		
フリガナ 氏名		生年月日	明治 大正 昭和 平成	年　　月　　日生 （満　　才　　ヶ月）	性別	男:M 女:F
現住所	〒 電話　　　　（　　　）	勤務先	電話　　　（　　　）			

☆ b.

ユーザー登録カード

1	フリガナ		
2	姓・名	姓	名

3	郵便番号	｜ ｜ ｜ － ｜ ｜ ｜ ｜	都道府県	区市郡
4	住　所			

5	電話番号	市 外 局 番	局　　　番	電 話 番 号
		（	）	

＊ここから先はさしつかえなければご記入ください。

6	性　別	〔男、女〕（どちらかに○を付けてください。）	年　齢	才

Lesson 10

デパートで

At a department store

● *New Words in Drills*

・ used only in Conversation Drills

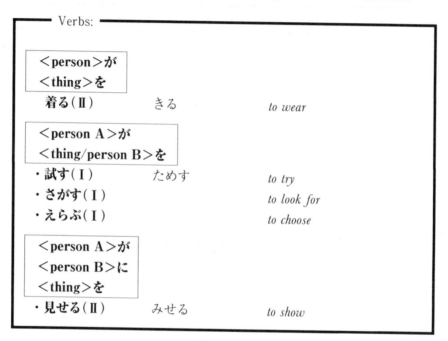

― Verbs: ―

＜person＞が ＜thing＞を		
着る（Ⅱ）	きる	*to wear*

＜person A＞が ＜thing/person B＞を		
・試す（Ⅰ）	ためす	*to try*
・さがす（Ⅰ）		*to look for*
・えらぶ（Ⅰ）		*to choose*

＜person A＞が ＜person B＞に ＜thing＞を		
・見せる（Ⅱ）	みせる	*to show*

― Adjectives, adverbs: ―

明るい	あかるい	*bright, cheerful*
暗い	くらい	*dark, gloomy*
太い	ふとい	*fat, thick*
細い	ほそい	*thin*
高い	たかい	*tall, high*
低い	ひくい	*short, low*
広い	ひろい	*wide, large*
せまい		*narrow, small*
深い	ふかい	*deep*
浅い	あさい	*shallow*
多い	おおい	*many, much, a lot of*
少ない	すくない	*a few, a little*

・黒い	くろい	*black*
・白い	しろい	*white*
・赤い	あかい	*red*
・青い	あおい	*blue*
せが高い	せがたかい	*tall* (←→ せがひくい)
ちょうどいい		*just right*
一番	いちばん	*the most, the best*
もっと		*more*
早く	はやく	*early*

┌─ Measuring units: ─────────────────────┐

~kg／~km／~キロ	~ *kilograms/kilometers*
~m／~メートル	~ *meters*
~cm／~センチ	~ *centimeters*
~g／~グラム	~ *grams*

┌─ Other words: ─────────────────────┐

山	やま	*mountain*
夏	なつ	*summer*
冬	ふゆ	*winter*
空気	くうき	*air*
ところ		*place*
キャンパス		*campus*
キッチン		*kitchen*
パソコン		*personal computer*
・値段	ねだん	*price*
サービス		*service*
・流行	りゅうこう	*fashion*
・男性	だんせい	*man*
・女性	じょせい	*woman*
年上	としうえ	*senior*
年下	としした	*junior*
人口	じんこう	*population*
・父	ちち	*(my) father*
・意見	いけん	*opinion*
かみ		*hair*
・くつ		*shoes*

・めがね		spectacles, glasses
・服／洋服	ふく／ようふく	clothes
・着物	きもの	kimono
・色	いろ	colour
形	かたち	shape, form
デザイン		design

Question words:

どのぐらい／どのくらい		how (much, big, long, etc.)?
どちら／どっち		which?
・いかが		how?
・何色	なにいろ	what colour?
・(お)いくつ		how old?, how many?

● *Additional New Words in Drills*

Adjectives:

じみ(な)	plain, subdued
はで(な)	loud, showy
うすい	light (colour), thin
こい	dark, thick
かわいい	cute

Colours:

黒	くろ	black
白	しろ	white
赤	あか	red
青	あお	blue
黄色	きいろ	yellow
茶色	ちゃいろ	brown
みどり		green
むらさき		purple
ピンク		pink
オレンジ		orange
グレー		grey

┌─── Other words: ───────────────────────────────────┐

| ボーイフレンド | | *boyfriend* |
| ガールフレンド | | *girlfriend* |

└──┘

┌─── Clothes: ───────────────────────────────────────┐

セーター		*sweater*
シャツ		*shirt*
ズボン		*trousers, pants*
下着	したぎ	*underwear*
スカート		*skirt*
スーツ		*suit*
コート		*coat*
ネクタイ		*tie*
ぼうし		*hat, cap*
くつ下	くつした	*socks·*
手ぶくろ	てぶくろ	*gloves*
ハンカチ		*handkerchief*
ベルト		*belt*
アクセサリー		*accessory*
そで		*sleeve*
えり		*collar*
ボタン		*button*
ひも		*string, cord*
無地	むじ	*plain, no pattern*
花がら	はながら	*floral pattern*
水玉	みずたま	*polka dots*
しま		*stripes*
サイズ		*size*

└──┘

29

Size:		
L L		*extra large*
L		*large*
M		*medium*
S		*small*
F		*free size*
〜号	〜ごう	*〜 size*
〜体	〜たい	*〜 style*

Department store:		
エレベーター		*elevator, lift*
エスカレーター		*escalator*
売り場	うりば	*sales counter/section*
試着室	しちゃくしつ	*fitting room*
喫茶室	きっさしつ	*tea room*
紳士服	しんしふく	*men's wear*
紳士用品	しんしようひん	*men's goods*
婦人服	ふじんふく	*ladies' wear*
婦人用品	ふじんようひん	*ladies' goods*
子ども服	こどもふく	*children's wear*
ベビー用品	ベビーようひん	*infant/baby goods*
電気製品	でんきせいひん	*electrical appliances*
家具	かぐ	*furniture*
おもちゃ		*toy*
現在地	げんざいち	*you're here*

Structure Drills

1. Can you describe the pictures?

部屋
<ruby>へ<rt></rt></ruby>や

→ <u>明るい</u>部屋ですね。<u>暗い</u>部屋ですね。
あか　　　　くら

1. 山
やま

2. プール

3. 部屋

4. うで

5. ところ

2. Practise the dialogue as in the example:

Q：どんなアパートに住みたいですか。　　＜広い・静かだ＞
　　　　　　　　　　す　　　　　　　　　　　　ひろ　　しず

A：<u>広くて静かな</u>アパートに住みたいです。

1. ＜明るい・きれいだ＞

2. ＜便利だ・安い＞
　　　べんり　やす

3. ＜安い・広い＞

4. ＜　　？　　＞

31

3. Make sentences as in the example:

大きい　→　もっと<u>大きい</u>のはありませんか。
　おお

1. 小さい	2. 長い	3. 安い	4. 簡単だ
ちい	なが	やす	かんたん

5. ほそい	6. 太い	7. きれいだ
	ふと	

4. Practise as in the example:

a.　このセーター　　　　　＜そで・長い＞

　→　このセーターは、そでが長いですね。

1. 筑波大学　　　　　　＜キャンパス・広い＞
　　つくばだいがく　　　　　　　　　　　ひろ
2. 佐藤さんのアパート　＜キッチン・せまい＞
　　さとう
3. このレストラン　　　＜サービス・悪い＞
　　　　　　　　　　　　　　　　　　　わる
4. このクラス　　　　　＜男の学生・多い＞
　　　　　　　　　　　　　おとこ　がくせい　おお
5. 東京　　　　　　　　　＜物価・高い＞
　　とうきょう　　　　　　　　ぶっか　たか
6. 東京　　　　　　　　　＜空気・悪い＞
　　　　　　　　　　　　　　　くうき
7. この部屋　　　　　　　＜まど・大きい＞
　　　　へや

☆b.　このセーター　　　＜色・いい＞＜デザイン・悪い＞
　　　　　　　　　　　　　いろ

　→　このセーターは、色はいいんですけどデザインが悪いんです。

1. このめがね　　　＜形・いい＞＜値段・高い＞
　　　　　　　　　　　かたち　　　ねだん
2. あのレストラン　＜料理・おいしい＞＜サービス・悪い＞
　　　　　　　　　　　りょうり
3. このズボン　　　＜サイズ・ちょうどいい＞＜　　？　　＞
4. このアパート　　＜キッチン・広い＞＜　　？　　＞

5. Look at the picture and make sentences as in the example:

<u>リサさん</u>は、<u>田中さん</u>より<u>せが高い</u>です。
たなか　　　　　たか

```
せが高い    せが低い    かみが長い    かみが短い
          ひく        なが          みじか
年上       年下       足が長い
としうえ   としした    あし
```

鈴木　　ピーター　　シャルマ　　プラニー　　リサ　　田中
すずき
（30歳）　（28歳）　（27歳）　（26歳）　（24歳）　（23歳）
さい

6. Practise the dialogue with a partner.

ひらがな・かたかな　　＜かんたんだ＞

→　Q：<u>ひらがな</u>と<u>かたかな</u>と<u>どちら</u>（のほう）が<u>かんたん</u>ですか。

A：<u>ひらがなのほう</u>が<u>かんたん</u>です。

1. 日本の夏・○○の夏　　　＜暑い＞
にほん　なつ　　　　　　あつ
2. 日本の冬・○○の冬　　　＜寒い＞
ふゆ　　　　　　　　　さむ
3. 土曜日・日曜日　　　　　＜ひまだ＞
どようび　にちようび
4. 日本・○○　　　　　　　＜人口が少ない＞
じんこう　すく
5. 東京・○○　　　　　　　＜物価が高い＞
とうきょう　　　　　　ぶっか
6. 大きい・小さい　　　　　＜便利だ＞
おお　　ちい　　　　　べんり
7. 難しい・かんたんだ　　　＜いい＞
むずか
8. 男の学生・女の学生　　　＜多い＞
おとこ　がくせい　おんな　　おお
9. ○○さん・○○さん　　　＜早く教室に来る＞
はや　きょうしつ　く

7. Practise the dialogue with your partner.

  1) ひらがな・かたかな・漢字　　＜かんたんだ＞

    →　Q：ひらがなとかたかなと漢字の中で、どれが一番かんたんですか。

      A：ひらがなが一番かんたんです。

  2) ○○さんの家族　　　　　　＜早く起きる＞

    →　Q：○○さんの家族の中で、だれが一番早く起きますか。

      A：父が一番早く起きます。

  1. ○○さん・○○さん・○○さん　　＜せが高い＞

  2. 日本料理　　　　　　　　　　　　＜おいしい＞

  3. 一週間　　　　　　　　　　　　　＜ひまだ＞

  4. このクラス　　　　　　　　　　　＜若い＞

  5. 友だち　　　　　　　　　　　　　＜よく勉強する＞

8. Practise the dialogue as in the example:

  この荷物・重い　　　＜10キロぐらい＞

  →　Q：この荷物の重さはどのぐらいですか。

    A：10キロぐらいです。

  1. あの山・高い　　　＜2000メートルぐらい＞

  2. このひも・長い　　＜80センチぐらい＞

  3. このプール・深い　＜2メートル＞

  4. この部屋・広い　　＜10畳　（10 tatami mats）＞

  5. このくつ・大きい　＜26.5センチ＞

9. Practise the dialogue as in the example:

  学生証　→　Q：学生証って何ですか。

      A：学生証っていうのは、Student's ID のことです。

  1. パソコン　　　2. ワープロ　　　3. ゼミ

  4. ラジカセ　　　5. 自動販売機

10. Change the sentences as in the example:

もう帰りますか。
→ 学生：もう<u>お帰りになりますか</u>。
　　先生：ええ、帰ります。

1. 山田先生と話しますか。
2. 手紙はもう出しましたか。
3. この本は読みましたか。
4. コンピュータを使いますか。
5. リーさんに会いましたか。
6. 疲れましたか。
7. 事務室で聞きましたか。
8. あした出かけますか。

Conversation Drills

1. In an elevator（GI.1, GI.2a）

a. Saying which floor

You are given a card of what you want to buy. Look at the department store directory（⇨ See GI.1）and ask the operator to go to the right floor.

　　　A：エレベーター係（elevator operator）　　B：客（customer）
　　　　　　　（がかり）　　　　　　　　　　　　　　　　　（きゃく）

> A：ご来店くださいまして、ありがとうございます。
> 　　（らいてん）
> 　　上へまいります。ご利用階数をお知らせください。
> 　（うえ）　　　　　　（りようかいすう）　（し）
> B：＿＿階、お願いします。
> 　　（かい）　（ねが）
> A：＿＿階、かしこまりました。おあと、ございませんか。
> 　　（かい）
> 　　お待たせいたしました。○○の売り場、＿＿階でございます。
> 　（ま）　　　　　　　　　　　（う）（ば）

b. Asking about the right floor

> B：すみません。＿＿＿＿＿＿＿は何階でしょうか。
> 　　　　　　　　　　　　　　　　（なんがい）
> A：＿＿＿＿＿＿売り場は、＿＿階でございます。
> B：じゃ、＿＿階、お願いします。
> A：かしこまりました。

2．At a sales counter（S-1）

a. Asking about the right section

Look at the following picture and ask where the item you want is, then write its name in the appropriate place in the picture.

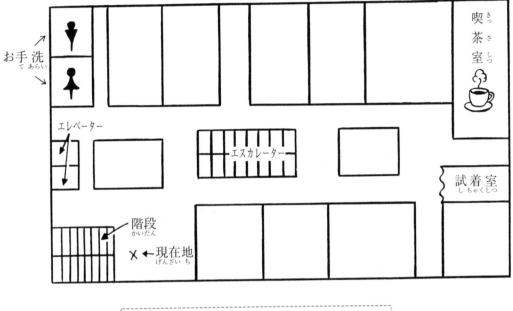

```
～の前         ～のうしろ       ～のとなり
  まえ

～の横         ～の右          ～の左
  よこ          みぎ            ひだり
```

b. Asking for what you want

A：店員（shop assistant）　　B：客（customer）
　てんいん　　　　　　　　　　　きゃく

```
A：いらっしゃいませ。

B：あのう、大きいサイズのセーター、ありますか。
         おお

A：はい。こちらにございます。
```

大きいサイズ　　セーター

1. ～センチ　　くつ

2. {S/M/L/LL} サイズ　　シャツ

3. ｛赤／青／黄色／みどり｝　　　くつ下
4. ｛黒／白／青／みどり｝　　　ズボン
5. ｛ピンク／むらさき／黄色／オレンジ｝　　　手ぶくろ
6. ｛Ａ体／AB体／Ｂ体／Ｙ体｝　～号　　　スーツ
7. 長い　　　黒い　　　コート
8. 白い　　　大きい　　　ぼうし
9. 青い　　　｛無地／しま／水玉｝　　　ネクタイ
10. 赤い　　　｛無地／花がら／水玉｝　　　スカート
11. your choice

---

c.　Narrowing down the choice

B：ええと、<u>この色</u>でもっと大きいの、　ありませんか。

A：はい。じゃあ、こちらなどはいかがでしょうか。

B：あ、いいですね。じゃあ、これをください。

この色　　　　｛もっと大きい／もっと小さい｝

1. このデザイン　　　｛白い／黒い／青い／もう少し小さい｝
2. この色　　　　　　｛そでが長い／そでが短い／もっとはで／もっとじみ｝
3. この形　　　　　　｛無地／花がら／水玉／ちがう色｝
4. このサイズ　　　　｛むらさき／みどり／茶色／もう少し安い｝
5. your choice

3. Asking for advice (S-2a)

a. Asking an assistant for advice

A：店員(てんいん)（shop assistant） B：客(きゃく)（customer）

B：このLLっていうのは {ぼく / 私(わたし)} には大(おお)きい {かな。/ かしら。/ でしょうか。}

A：そうですね。どうぞあちらでお試(ため)しください。

B：ああ、どうも。

{S/M/L/LL}

1. {S/M/L/LL}
2. ～センチ
3. ～号(ごう)
4. {無地(むじ)／花(はな)がら／水玉(みずたま)}
5. {赤(あか)／みどり／黄色(きいろ)}
6. your choice

☆b. Asking someone's opinion

A：この日本語(にほんご)の本(ほん)は、難(むずか)しいでしょうか。

B：そうですね。{難しいかもしれませんね。 *It may be difficult.* / だいじょうぶじゃないでしょうか。 *It will be no problem.*}

A：そうですか。

日本語の本 難しい

1. 服(ふく) はで
2. かばん 重(おも)い
3. 辞書(じしょ) よくない
4. ネクタイ じみ

5.	時計 _{とけい}	高い _{たか}	6.	めがね	大きい _{おお}
7.	カメラ	重い _{おも}	8.	ズボン	長い _{なが}
9.	色 _{いろ}	少し暗い _{すこ くら}	10.	研究 _{けんきゅう}	難しい _{むずか}
11.	着物 _{きもの}	はで	12.	仕事 _{しごと}	リスク（risk）が大きい

4. Making a choice following someone's advice（S-2b）

a. Choosing one out of two

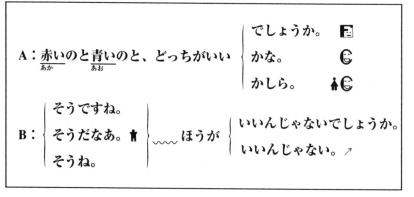

b. Selecting one out of three or more

A：あの3つの中で、どれが一番いいですか。
_{いちばん}

B：そうですね。〰〰〰〰のが一番いいんじゃないでしょうか。

A：そうですか。じゃ、そうします。

☆c. Choosing freely

Look at the shopping catalogue and choose one item after discussing its colour, design, pattern, price, etc. with your friend.

40

5．Choosing a present for someone （S-2c）

a.　A birthday present

A：店員 （shop assistant）　　B：客 （customer）

> B：友だちに誕生日のプレゼントをさがしてるんですけど、
>
> 　　どんなのがいいでしょうか。
>
> A：そうですね。おいくつぐらいの方ですか。
>
> B：| 25歳ぐらいの女性 | なんですけど。
> 　　| 25歳ぐらい |
>
> A：それじゃあ、これなど、いかがでしょう。
>
> B：ああ、いいですね。

友だち	2 5	👤
1.　先生	3 2	👨／👩
2.　友だち	2 3	👨／👩
3.　ガールフレンド	2 0	
4.　ボーイフレンド	2 8	
5.　母	5 5	
6.　父	6 0	
7.　your choice		

☆b.　Various presents.

Use the above frame for the dialogue.

1.　結婚のお祝い （*wedding gift*）
2.　お中元 （*mid-summer gift*）
3.　お歳暮 （*end-of-year gift*）
4.　お礼の品 （*thank-you gift*）
5.　～のプレゼント （*your choice*）

6. Deciding not to buy (S-3)

a. Expressing dislike

A：店員（shop assistant）　　B：客（customer）
てんいん　　　　　　　　　　　きゃく

A：いかがでございますか。

B：ううん。もうちょっと<u>大きい</u>ほうがいいんですけど。
　　　　　　　　　　　おお

A：そうですか。それじゃ、こちらは。

B：<u>サイズ</u>はいいんですけど、<u>デザイン</u>がちょっとね。

　　大きい　　　　○サイズ　　　×デザイン

1. はで（な）　　○色　　　　　×デザイン
　　　　　　　　　　いろ
2. 明るい色の　　○形　　　　　×サイズ
　　あか　　　　　　かたち
3. じみ（な）　　○デザイン　　×値段
　　　　　　　　　　　　　　　　ね だん
4. 小さい　　　　○サイズ　　　×値段
　　ちい
5. そでが長い　　○デザイン　　×色
　　　　　なが

☆b. Saying that you will come again

A：こちらは、いかがでしょう。

B：そうねえ。<u>色</u>はいいんですけど、<u>デザイン</u>がちょっと。

A：でも、こちらは最近流行の<u>デザイン</u>なんですよ。
　　　　　　　　さいきんりゅうこう

B：ううん、でもねえ……。

A：とてもよくおにあいですよ。

B：ううん……。わるいけど、またにします。

A：そうですか。どうもありがとうございました。またどうぞ。

　　○色　　　　　×デザイン

1. ○デザイン　　×色　　　　　　2. ○服の形　　　×えりの形
　　　　　　　　　　　　　　　　　　　　ふく
3. ○服の色　　　×えりの色　　　　4. ○サイズ　　　×色

7. Role play

1.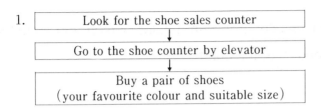

   | Look for the shoe sales counter |
   | ↓ |
   | Go to the shoe counter by elevator |
   | ↓ |
   | Buy a pair of shoes (your favourite colour and suitable size) |

   ＊Your budget is ¥7,000.

2. You want to buy a present for your friend's (male; 30 years old) birthday. Go to a department store and choose a tie for him. Your budget is ¥5,000.

3. Go to a department store with a friend and buy clothes for yourself. Your budget is about ¥15,000. Ask your friend's advice.

☆4. Go to a department store by yourself and buy things you want. Ask a shop assistant's advice.

☆5. To buy things like a camera, CD player and furniture, what adjectives should be used to describe your favourite type? Discuss with your friends and make a dialogue.

▨ *Tasks and Activities* ▨

1. You will hear a conversation between a sales person and a customer.
Listen to the tape and fill in the chart.

a. デパート

	何を なに	いくら	色 いろ	サイズ
1		円 えん		cm
2		円		
3		円		ウエスト cm
4		円		号 ごう

☆b.　**肉屋**
　　にくや

ハム　*ham*　　ひき肉　*minced meat*　　牛　*beef*　　ぶた　*pork*
　　　　　　　　　　にく　　　　　　　　　　　ぎゅう

	何を なに	円/100g えん	どのくらい *amount*	いくら
1		100g 　　円	g	円
2		100g 　　円	g	円

豚ひき肉　110円/100g　ベーコン 360円/100g　とり胸肉 160円/100g

☆c.　**八百屋**　*at the greengrocer's*
　　や お や

一山　*a pile*　　じゃがいも　*potato*　　たまねぎ　*onion*
ひとやま

	何を	円/一山 えん ひとやま	どのくらい *amount*	いくら
1		一山 　　円	山	円
2		一山 　　円	山	円

2. Listen to the tape. You will hear a series of conversations between a teacher and a student. Choose the picture corresponding to what the student said.

example **d**   1.___   2.___   3.___   4.___   5.___

a.

b.

c.

d.

e.

f.

g.

h.

3. The following is a check list of your knowledge about Japan. Write ○ if the statement is correct, and × if it is wrong. Check your answers and see how much you score.

クイズ・日本
にほん

―日本の地理をどのくらい知っていますか―

		your answer	correct answer
1.	日本は米を輸入している。		
2.	富士山は日本で一番高い。		
3.	九州は北海道より広い。		
4.	本田は日本人の名前で一番多い。		
5.	日本の人口は1億人より多い。		
6.	東京では、冬のほうが夏より雨が多い。		
7.	東京はシドニーより東にある。		
8.	東京はパリより北にある。		
9.	日本の面積はドイツより大きい。		
10.	北海道で2時のとき、九州は1時である。		
	TOTAL		

米 rice　輸入する to import　人口 population　億 100 million　雨 rain

東 east　北 north　面積 area

0点～5点　まだまだ

6点～7点　まあまあ

8点～9点　すごい！

10点　パーフェクト!!

4. You went to your friend's apartment or to your professor's office, but s/he was not there. Complete messages by using keego.

a.
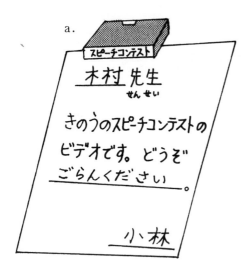

木村先生

きのうのスピーチコンテストの
ビデオです。どうぞ
ごらんください___。

小林

b.

___先生

あした、6時から私の
部屋でパーティーをします。
どうぞ___

___。

ここです。吉田荘 208号
スーパー
谷中1丁目　　　→ 駅

c.

___さんへ

これ、___のおみやげ
です。どうぞ___

___。

おみやげ souvenir

d.

___さん

田中先生は　きょう、
かぜで早く___
（帰った）

___ので、
午後のゼミは　中止に
なりました。___

ゼミ seminar　　中止 cancellation

e.

___さんへ

___（いなかった）___ので
帰ります。どうぞケーキを

___

☆ **5.** a. Below is a chart of prices in five cities. Read the sentences and determine which item is being described.

小売り価格の国際比較（*International comparison of retail prices*）

1994年 単位（円）

			東京	ニューヨーク	ベルリン	ロンドン	パ リ
A	たまご	1kg	287	221	339	321	355
B	食パン	1kg	413	391	251	114	450
C	牛乳	1ℓ	209	88	100	80	114
D	映画入場料	1回	1797	767	743	645	788
E	写真焼付代	1枚	31	58	55	67	43
F	パーマネント代	1回	6832	5914	5025	5523	6475
G	ガソリン	1ℓ	123	38	96	77	103
H	ティッシュペーパー	5箱	483	893	1120	1722	830

（経済企画庁　The Economic Planing Agency）

食パン *bread*　　牛乳 *milk*　映画入場料 *cinema admission fee*
写真焼付代 *print*　　パーマネント代 *price of a permanent wave*
ガソリン *gasoline, petrol*　　ティッシュペーパー *box of tissues*
〜箱 *box*

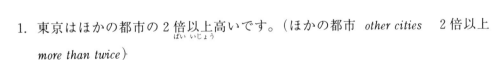

1. 東京はほかの都市の2倍以上高いです。（ほかの都市　*other cities*　　2倍以上
   more than twice）

2. 東京はニューヨークより高いですが、ほかの3都市より安いです。

3. ニューヨークが一番安くて、東京の3分の1以下の値段です。

4. 東京が5つの都市の中で一番安いです。ロンドンが一番高いです。

b.　Compare commodity prices in your country with those in Japan.

example　<u>カメラは、私の国より日本のほうが高いです。でも、車は私の国のほ</u>
　　　　　<u>うが高いです。</u>

Lesson 11

本屋で
ほん や

At a bookshop

● *New Words in Drills*

· used only in Conversation Drills

```
┌─ Verbs: ────────────────────────────────────────
│
│   ┌─────────────────┐
│   │ <person/thing>が │
│   └─────────────────┘
│     見つかる（Ｉ）    みつかる      to be found
│     止まる（Ｉ）      とまる        to stop
│     決まる（Ｉ）      きまる        to be decided
│
│   ┌──────────────────┐
│   │ <time/expense>が │
│   └──────────────────┘
│     かかる（Ｉ）                    to take, to cost
│
│   ┌──────────────┐
│   │ <rain etc.>が │
│   └──────────────┘
│     降る（Ｉ）        ふる          to fall
│
│   ┌────────────────────┐
│   │ <person A/thing A>が │
│   │ <person B/thing B>に │
│   └────────────────────┘
│     かわる（Ｉ）                    to change
│
│   ┌─────────────────┐
│   │ <person A>が      │
│   │ <person B/thing>を │
│   └─────────────────┘
│     見つける（Ⅱ）     みつける      to find
│
│   ┌───────────┐
│   │ <person>が │
│   │ <thing>を  │
│   └───────────┘
│     始める（Ⅱ）       はじめる      to begin, to start (s. th.)
│     決める（Ⅱ）       きめる        to decide
│     落とす（Ｉ）       おとす        to drop, to let fall (s. th.)
│     こわす（Ｉ）                    to break (s. th.)
│   · 切らす（Ｉ）       きらす        to run out
│   · 取りけす（Ｉ）     とりけす      to cancel
│     おぼえる（Ⅱ）                  to learn, to memorize
│
│   ┌────────────┐
│   │ <person>が  │
│   │ <matter>と  │
│   └────────────┘
│     思う（Ｉ）        おもう        to think
│
```

＜person A＞が ＜person B＞に ＜matter＞を		
質問する（III）	しつもんする	*to ask a question*
・連絡する（III）	れんらくする	*to contact (by phone, etc.)*
・紹介する（III）	しょうかいする	*to introduce*

＜person＞が ＜thing A＞を ＜thing B＞に		
かえる（II）		*to change (s. th.)*

＜person＞が ＜thing＞を ＜place＞に		
入れる（II）	いれる	*to put in*

Adjectives:

熱い	あつい	*hot (for things)*
冷たい	つめたい	*cold (for things)*
暖かい	あたたかい	*warm (for weather)*

Time words:

～時間	～じかん	～ *hours*
～日間	～にちかん	～ *days*
～か月／ヶ月／ヵ月	～かげつ	～ *months*
～年（間）	～ねん（かん）	～ *years*
・～ほど		*about* ～
・～以上	～いじょう	*more than* ～
・～以内	～いない	*within, less than* ～

⇨ まとめ 2 AI

Other words:

スープ		*soup*
時間	じかん	*time*
雨	あめ	*rain*
れいぞうこ		*refrigerator*

コース		*course*
新幹線	しんかんせん	*Shinkansen (bullet train)*
飛行機	ひこうき	*airplane*
船	ふね	*ship*
雑誌	ざっし	*magazine*
歩いて	あるいて	*on foot*
・実は	じつは	*in fact*

Book titles:

・情報	じょうほう	*information*
・科学	かがく	*science*
・スポーツ		*sport*
・辞典	じてん	*dictionary*
・世界	せかい	*world*
・文化	ぶんか	*culture*
・社会	しゃかい	*society*
・問題	もんだい	*problem*

● *Additional New Words in Drills*

Book titles:

〜入門	〜にゅうもん	*introduction to 〜*
日米	にちべい	*U.S.-Japan*
基礎〜	きそ	*basic 〜*
応用〜	おうよう	*applied 〜*

Ordering books:

出版社	しゅっぱんしゃ	*publisher*
著者	ちょしゃ	*author*
発行年	はっこうねん	*year of publication*
題名	だいめい	*title*
書名	しょめい	*title of a book*
注文票	ちゅうもんひょう	*order form*
〜冊	〜さつ	counter for books etc.

Structure Drills

1. Practise as in the example:

a. （田中さんが）部屋をきれいにしました。
たなか　　へや

→ 部屋がきれいになりました。

1. （鈴木さんが）研究室を明るくしました。
すずき　　けんきゅうしつ　あか

2. （シャルマさんが）部屋を暖かくしました。
あたた

3. （プラニーさんが）スープを熱くしました。
あつ

4. （先生が）試験をかんたんにしました。
せんせい　しけん

5. （先生が）土曜日を休みにしました。
どようび　やす

b. （リサさんが）ヒーターをつけました。

→ ヒーターがつきました。

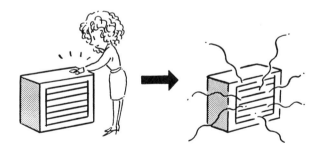

1. （先生が）授業を始めました。
じゅぎょう　はじ

2. （山下さんが）電気を消しました。
やました　でんき　け

3. （鈴木さんが）ドアを開けました。
あ

4. （ラオさんが）まどを閉めました。
し

5. （山田さんが）車を止めました。
やまだ　くるま　と

6.（森さんが）いいアパートを見つけました。

7.（プラニーさんが）パーティーの時間を決めました。

8.（先生が）試験の時間をかえました。

9.（リーさんが）えんぴつを落としました。

10.（鈴木さんが）ラジカセをこわしました。

2. Look at the picture and practise the dialogue with your partner.

車 → A：車が止まっていますね。
B：そうですね。
　　だれが止めたんでしょうか。

1. まど

2. ドア

3. テレビ

4. お金

5. ラジカセ

6. 電気

3. Practise as in the example:

a. 試験が終わります ＋ 映画に行きます
→ 試験が終わったら、映画に行きます。

1. 仕事が終わります ＋ 本屋へ行きます

2. 昼ごはんを食べます ＋ ちょっと来てください

3. 授業が始まります ＋ 静かにしてください

4. 先生がいらっしゃいます ＋ パーティーを始めましょう

5. 少し休みます ＋ もう一度練習しましょう

6. 佐藤さんに会います ＋ どうぞよろしく言ってください

7. あした雨が降ります ＋ うちにいます

8. 暑いです ＋ まどを開けてください

9. 便利です ＋ 私も買いたいです

10. デパートが休みです ＋ スーパーに行きます

b. 1. わかりません ＋ 質問してください

2. はんこがありません ＋ サインでもいいですよ

3. 冷たくありません ＋ れいぞうこに入れてください

4. 病気じゃありません ＋ 授業を休まないでください

c. **夏休みになる** ＜ ？ ＞

→ **Q：夏休みになったら、何をしますか。**

A：北海道を旅行します。

1. 日本語のコースが終わる ＜ ？ ＞
2. 今度の日曜日、ひまだ ＜ ？ ＞
3. 国に帰る ＜ ？ ＞

☆ 4. Practise the dialogue as in the example:

勉強・終わる
→ **A：勉強はもう終わりましたか。**

B：いいえ、まだ終わっていません。

A：じゃあ、終わったら知らせてください。

1. 会議・始まる
2. 仕事・決まる
3. アパート・見つかる
4. 佐藤さん・いらっしゃる

5．Practise as in the example:

鈴木さんに聞く　→　Q：だれに聞いたらいいですか。
すずき　　　　き　　　　　　　A：鈴木さんに聞いてください。

1. 先生に相談する
   せんせい　そうだん
2. 佐藤さんを呼ぶ
   さとう　　　よ
3. 新宿で買う
   しんじゅく　か
4. あそこにすわる
5. あした行く
   い
6. 9時に来る
   じ　く
7. あのバスに乗る
   の

6．Practise as in the example:

a. きょうの午後は雨が降りますか
   ご　ご　あめ　ふ
   →　Q：きょうの午後は雨が降ると思いますか。
   　　　　　　　　　　　　おも
   　　A：いいえ、降らないと思います。

1. ラオさんはきょう授業に来ますか
   じゅぎょう　き
2. リサさんは鈴木さんと結婚しますか
   けっこん
3. プラニーさんは夏休みに国へ帰りますか
   なつやす　くに　かえ
4. 先生はコーヒーをお飲みになりますか
   の
5. 日本語はむずかしいですか
   にほんご
6. あの人はまじめですか
   ひと
7. あの人は日本人ですか
   にほんじん

b. 山田さん・来ます　　　　　＜何時に＞
   やまだ　　　　　　　　　　なんじ
   →　山田さんは何時に来ると思いますか。

1. 山下さん・出かけます　　＜だれと＞
   やました　で
2. リサさん・カメラを置きました　＜どこに＞
   お
3. 郵便局・開いています　　＜何時まで＞
   ゆうびんきょく　あ
4. ラオさん・本を返します　＜いつ＞
   ほん　かえ
5. 田中さん・待っています　＜だれを＞
   たなか　ま
6. 先生・お帰りになります　＜何時ごろ＞

7．Carry on the dialogue with a partner as in the example:

東京・千葉　　　　　　　　＜電車で＞
とうきょう　ちば　　　　　　　でんしゃ

→　**Q：東京から千葉まで電車でどのぐらいかかりますか。**

A：５０分ぐらいかかります。
　　ごじゅっぷん

1．成田空港・東京　　　　　＜バスで＞
　　なりたくうこう　とうきょう
2．東京・京都　　　　　　　＜新幹線で＞
　　とうきょう　きょうと　　　しんかんせん
3．日本・○○さんの国　　　＜飛行機で＞
　　にほん　　　　　　くに　　ひこうき
4．ここ・○○　　　　　　　＜車で＞
　　　　　　　　　　　　　　くるま
5．○○さんのうち・駅　　　＜歩いて＞
　　　　　　　　　えき　　　ある

8．Practise as in the example:

レポートを書きました　　　＜３日＞
　　　　　か　　　　　　　　みっか

→　**３日でレポートを書きました。**

1．宿題をやりました　　　　＜５０分＞
　　しゅくだい
2．論文を書きました　　　　＜１か月＞
　　ろんぶん　か　　　　　　いっ　げつ
3．この本を読みました　　　＜１週間＞
　　　　ほん　よ　　　　　　いっしゅうかん
4．漢字を50おぼえました　　＜１日＞
　　かんじ　　　　　　　　　にち
5．このカメラを買いました　＜28000円＞
　　　　　　　　　か　　　　　　　　えん

9．Practise as in the example:

喫茶店に行ってください。喫茶店の名前は「ルナ」です。
きっさてん　い　　　　　　きっさてん　なまえ

→　**「ルナ」という喫茶店に行ってください。**

1．雑誌を買ってください。雑誌の名前は『ポップス』です。
　　ざっし
2．アパートに来てください。アパートの名前は「あかね荘」です。
　　　　　　き　　　　　　　　　　　　　　　　　　　そう
3．女の人に電話してください。女の人の名前は関さんです。
　　おんな　ひと　でんわ　　　　　　　　　　せき
4．図書館で本を借りてください。本の名前は『経済学入門』です。
　　としょかん　か　　　　　　　　　　　けいざいがくにゅうもん
5．薬を買って飲んでください。薬の名前は「カッコントウ」です。
　　くすり　か　　の

Conversation Drills

1. Asking about a book（GI, S-1）

a. Asking a shop assistant to find it for you

A：客　　　B：店員
　　きゃく　　　　てんいん

> A：すみません。
>
> B：はい。
>
> A：『日本の会社経営』 { という / っていう } 本が見つからないんですけど。
> 　　　にほん　かいしゃけいえい　　　　　　　　　　　ほん　み
>
> B：『日本の会社経営』ですね。少々お待ちください。
> 　　　　　　　　　　　　　　　しょうしょう　ま

『日本の会社経営』

1. 『日本文学入門』　　　*An Introduction to Japanese Literature*
　　ぶんがくにゅうもん
2. 『情報科学入門』　　　*An Introduction to Information Science*
　　じょうほうかがく
3. 『日米経済問題』　　　*Japan-U.S. Economic Problems*
　　にちべいけいざいもんだい
4. 『日本の教育の歴史』　*History of Japanese Education*
　　きょういく　れきし
5. 『スポーツ心理学』　　*Sports Psychology*
　　しんりがく
6. 『物理学辞典』　　　　*Dictionary of Physics*
　　ぶつりがくじてん

b. Asking a shop assistant, then finding it yourself

Use the cues in a.

> A：すみません。
>
> B：はい。
>
> A：『情報科学入門』っていう本がほしいんですけど。
>
> B：あ、それでしたら、あそこの情報のところにございます。
>
> A：どうもすみません。

　　　『情報科学入門』

2．Ordering（GI 2a, S-2a）

a. Buying or ordering a book

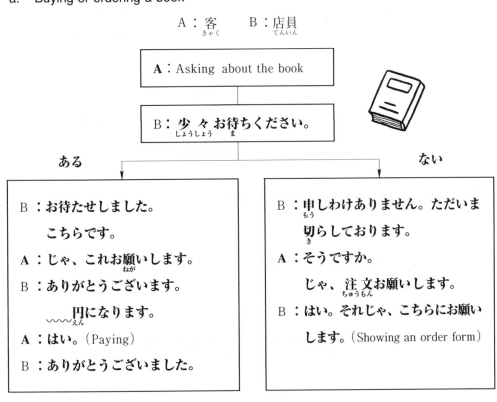

A：客　　B：店員
きゃく　　　てんいん

A：Asking about the book

B：少々お待ちください。
しょうしょう　　ま

ある　　　　　　　　　　　　　　　　　　　　　ない

B：お待たせしました。
こちらです。
A：じゃ、これお願いします。
ねが
B：ありがとうございます。
〜〜〜円になります。
えん
A：はい。（Paying）
B：ありがとうございました。

B：申しわけありません。ただいま
もう
切らしております。
き
A：そうですか。
じゃ、注文お願いします。
ちゅうもん
B：はい。それじゃ、こちらにお願い
します。（Showing an order form）

b. Being asked the name of the publisher, author, etc.

A：『日米経済問題』っていう本を〜〜冊注文したいんですけど。
にちべいけいざいもんだい　　　　　　ほん　　さつ
B：はい。ええと、出版社はどちらですか。
しゅっぱんしゃ
A：あ、出版社はわからないんですけど。
B：著者は。
ちょしゃ
A：ええと、大森和男です。
おおもりかず お

『日米経済問題』　　　大森　和男　　　＿＿＿＿＿＿

1. 『日本建築の歴史』　　井上　正　　　　　　　　　　——————
　　にほんけんちく　れきし　　いのうえ　ただし
2. 『情報科学入門』　　　木村　太郎　　　　　　　　　——————
　　じょうほうかがくにゅうもん　きむら　たろう
3. 『芸術の世界』　　　　　——————　　　　　　金子書店
　　げいじゅつ　せかい　　　　　　　　　　　　かねこしょてん
4. 『スポーツ心理学』　　　——————　　　　　　青年社
　　しんりがく　　　　　　　　　　　　　　　　せいねんしゃ
5. 『哲学辞典』　　　　　中村　一郎・安田　実　　——————
　　てつがくじてん　　　なかむら　いちろう　やすだ　みのる
6. 『応用心理学』　　　　　——————　　　　　　文教館
　　おうよう　　　　　　　　　　　　　　　　　ぶんきょうかん
7. 『電子工学の基礎』　　　——————　　　　　　電工出版
　　でんしこうがく　きそ　　　　　　　　　　　　でんこうしゅっぱん
8. 『音楽の歴史』　　　　山本　道男　　　　　　プラザ書房
　　おんがく　　　　　　やまもと　みちお　　　　しょぼう

3．Asking how long it will take（S-2b）

a.

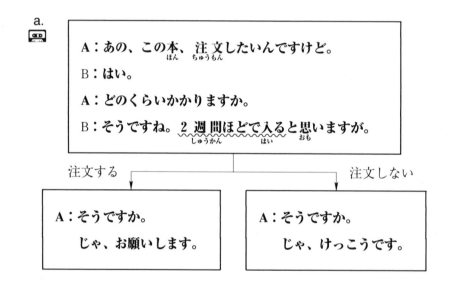

A：あの、この本、注文したいんですけど。
　　　　　　　　ほん　ちゅうもん
B：はい。

A：どのくらいかかりますか。

B：そうですね。2週間ほどで入ると思いますが。
　　　　　　　　しゅうかん　　はい　おも

注文する　　　　　　　　　　　　　　　注文しない

A：そうですか。　　　　　　　A：そうですか。
　じゃ、お願いします。　　　　　じゃ、けっこうです。

b.　You will be given a calender marking the present date and the day when you need the book. Decide to order or not to order by listening to the shop information given by the assistant.

☆ 4．Ordering a book by using its *okuzuke*

社会心理学入門 ——————————— 1987年11月25日　　初版第1刷発行 著　者　　中本　太郎 発行者　　井上　和男 発行所　　㈱岩本書院 〒532　　大阪市淀川区西中島 　　　　　7丁目1番	教育情報シリーズ3 ——————————— コンピュータと教育情報 ——————————— 平成2年3月1日　　初版第1刷発行 著　者　　村田　正 発行者　　金子　実 発行所　　日本書籍出版株式会社 〒102　東京都千代田区六番町 　　　　　13-40松見ビル2F

5．Cancelling your order（S-3）

a．Requesting a cancellation

> A：あの、すみません。
>
> B：はい。
>
> A：きのう注文した本のことなんですけど。
> 　　　　ちゅうもん　　　ほん
>
> B：はい。
>
> A：実は、ほかのところで見つけたんで、注文、取りけしたいんですけど。
> 　　じつ　　　　　　　　　　　み　　　　　　　　　　　　　　　と

きのう

1．先週
　　せんしゅう

2．2週間ほど前
　　　しゅうかん　　まえ

3．先週の金曜日
　　　　きんようび

4．おとといの夕方
　　　　　　　ゆうがた

5．1週間ぐらい前

6．きのうの午後
　　　　　　　ご

7．5日ほど前
　　いつか

8．your choice

b. Giving one's name and the title of the book

Use the cues in a.

A：あの。

B：はい。

A：先週注文した本のことなんですけど。

B：はい。

A：すみませんが、取りけしたいんですけど。

B：はい。ええと、お名前と書名をお願いいたします。

A：私、〰〰〰〰〰と申します。『〰〰〰〰〰』という本ですが。

B：はい。〰〰〰〰様、『〰〰〰〰』ですね。わかりました。

A：どうもすみませんでした。

B：いいえ。またどうぞ。

---

6. Checking an order

A：あの、すみません。

B：はい。

A：先週注文した本のことなんですけど。

B：はい。

A：まだ来ないんでしょうか。

B：申しわけございません。まだなんです。あの、入りましたら、すぐご連絡いたしますので、お電話番号をお願いできますか。

A：あ、ええと、〰〰〰〰〰〰〰です。

B：(Writing down) はい。どうも申しわけありませんでした。

またよろしくお願いいたします。

---

7. Introduction

a. Formal introduction

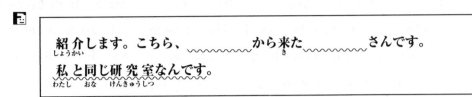

紹介します。こちら、〜〜〜〜〜から来た〜〜〜〜〜さんです。
しょうかい 　　　　　　　　　　　　き
私と同じ研究室なんです。
わたし　おな　けんきゅうしつ

☆b. Casual introduction

紹介する　{ よ。🚹
　　　　　 { わ。👩 　〜〜〜〜〜の〜〜〜〜〜さん。

同じ研究室な　{ んだ。🚹
　　　　　　　 { の。👩

8. Role play

1. Get a book list from a teacher, then order the books at a bookshop. Ask the shop assistant how to fill in the order form.

☆2. Get a book list from a teacher, then order the books at a bookshop. Look up any Kanji you can't read in the dictionary.

3. Get a book list and a calendar marking the dates when you need the books. Order the books at a bookshop, but if the shop assistant says it will take too long, do not order them.

☆4. You ordered a book at a bookshop last week, but then found that book in another bookshop today. Call the bookshop and cancel your order.

5. Introduce your friends.

Tasks and Activities

1. Listen to the tape. You are going to hear a conversation between a person and a bookshop clerk. This person will have a seminar in a week's time and needs to get ten books by then. Fill in the chart to find out from which bookshop the person will order.

	書 店 名 しょ てん めい	あるかないか 何冊あるか なんさつ	注文してから ちゅうもん 何日かかるか なんにち
1	マルヨシ書店	ある（　　）冊 ない	（　　）日
2	大山書店 おおやま	ある（　　）冊 ない	（　　）日
3	松見ブックセンター まつ み	ある（　　）冊 ない	（　　）日

どこに注文しますか。

2. You will hear a conversation between two thieves who broke into an office. Listen to the tape. Mark with a circle (○) what the male thief and the female thief did respectively.

action	男 のどろぼう おとこ	女 のどろぼう おんな
a. ドアのかぎを開けた あ		
b. 電気をつけた でん き		
c. 金庫を開けた きん こ		
d. かばんにお金を入れた かね い		
e. かばんを持った も		
f. 電気を消した け		
g. ドアを閉めた し		

どろぼう *thief*　　金庫 *safe*
きん こ

65

3．Read the following story and follow the instructions given.

雪　女
ゆき　おんな

　雪の中を若者と老人が歩いていた。二人は親子だった。雪が強くなった。
　なか　わかもの　ろうじん　ある　　　　　ふたり　おやこ　　　　　　つよ
二人は山小屋を見つけて、戸を開けて中に入った。中は寒かったので、火を
ふたり　やまごや　み　　　　と　あ　　なか　はい　　なか　さむ　　　　　　　ひ
つけた。二人はつかれていたので、すぐに寝た。
　　　　　　　　　　　　　　　　　　　ね

　　………

　とつぜん、戸が開いて、火が消えた。白い着物の女が入ってきた。女は老
　　　　　と　あ　　ひ　き　　　しろ　きもの　　　　　　　　　　　　
人のそばへ行って、老人の顔に冷たい息をかけた。老人の息が止まった。若
じん　　　い　　　　かお　つめ　いき　　　　　　　いき　と　　　わか
者はこわくなった。女は若者の前に来た。そして、若者の顔を見て、言った。
もの　　　　　　　　　　　まえ　き　　　　　　　　かお　み　　い
「おまえはまだ若い。だから、きょうは助けるが、このことをだれかに話し
　　　　　わか　　　　　　　　　　　たす　　　　　　　　　　　はな
たら、殺すよ。」
　　ころ
　女はそう言って出ていった。
　　　　い　で

雪 *snow*　　若者 *young man*　　老人 *old man*　　親子 *parent and child*
ゆき　　　わかもの　　　　　ろうじん　　　　　おやこ

山小屋 *mountain hut*　　戸 *door*　　火 *fire*　　すぐに *soon*
やまごや　　　　　　と　　　ひ

とつぜん *suddenly*　　息をかける *to breathe upon*　　息 *breath*
　　　　　　　　　　いき　　　　　　　　　　　　いき

こわい *fear*　　おまえ *you*　　助ける *to save*　　殺す *to kill*
　　　　　　　　　　　　たす　　　　　　ころ

a.　Arrange the pictures according to the sequence from the story.

　　(a) → (　) → (　) → (　) → (　) → (　) → (　) → (　)

b. Think of what could happen after this.

☆c. Talk about a similar story in your country.

4. Write a notice based on the example.

バーベキューパーティーのお知らせ

10月10日（水）午後6時から、山中公園で

バーベキューパーティーを行います。

料理の材料を持って、山中公園に来てください。

国の食べ物があったら、いっしょに持ってきてください。

雨が降ったら中止です。

国際交流サークル

お知らせ *notice*　　行う *to hold*　　料理 *cooking*　　材料 *ingredient*

中止 *cancellation*

のお知らせ

_____から、_____で

_____を行います。

_____てください。

_____たら、_____。

_____たら、_____。

_____

☆5. Play a game using the -*tara* form.

What is needed: chips

instruction cards

How to play: Place the instruction cards on the table face down. Six chips will be given to each person to start the game. Take a card, read it aloud, and give or receive a chip according to the instructions written on the card.

Who wins: The player who gives out all the chips first wins the game.

examples of instruction cards:

時計をしていたら出す。	先生より背が高かったら出す。

めがねをかけていたら出す。	漢字が読めなかったら取る。

☆6. Play a game using する or なる verbs.

What is needed: cards

How to play: The cards are distributed equally among all players. Each player lays down all pairs of cards which combine to form a sentence. Each player takes turns in picking a card from another to match his remaining cards.

Who wins: The player who lays down all cards first wins the game.

Examples of pairs of cards:

ドアが　車を　電気が　まどを

開く　止める　つく　閉める

69

Lesson 12

道を聞く
みち　き
Asking the way

● *New Words in Drills*

· used only in Conversation Drills

```
┌─ Verbs: ─────────────────────────────────────────────┐
```

＜person＞が		
遊ぶ（Ⅰ）	あそぶ	*to play*
買物する（Ⅲ）	かいものする	*to do the shopping*

＜thing＞が		
・できる（Ⅱ）		*to be ready*

＜person＞が／に ＜thing＞が		
見える（Ⅱ）	みえる	*can see, to be visible*
聞こえる（Ⅱ）	きこえる	*can hear, to be audible*

＜person＞が ＜place＞を		
走る（Ⅰ）	はしる	*to run*
歩く（Ⅰ）	あるく	*to walk*
降りる（Ⅱ）	おりる	*to come down, to get off*
出る（Ⅱ）	でる	*to leave, to get out*
通る（Ⅰ）	とおる	*to pass through*
渡る（Ⅰ）	わたる	*to cross over*
曲がる（かど）（Ⅰ）	まがる	*to turn (a corner)*
卒業する（Ⅲ）	そつぎょうする	*to graduate*

＜person＞が ＜thing＞を		
運転する（Ⅲ）	うんてんする	*to drive*
おろす（お金）（Ⅰ）		*to withdraw (money)*

＜person＞が ＜vehicle＞に		
・乗りかえる（Ⅱ）	のりかえる	*to change (train, etc.)*

<person A>が
<person B>に
<thing>を
・いただく（ I ）　　　　　　　　　*to .receive*

━ Adverbs: ━

すぐ　　　　　　　　　　　　　*right away, close*
まっすぐ　　　　　　　　　　　*straight*

━ Giving directions: ━

道	みち	*way, road, street, path*
橋	はし	*bridge*
交差点	こうさてん	*intersection, crossroads*
かど		*corner*
・信号	しんごう	*signal*
歩道橋	ほどうきょう	*overpass, footbridge*
横断歩道	おうだんほどう	*pedestrian crossing*
・手前	てまえ	*this side*
・〜つ目	〜つめ	*the 〜 th (ordinal number)*
・先	さき	*ahead*
・留学生センター	りゅうがくせいセンター	*International Student Center*
・大使館	たいしかん	*embassy*
・市役所	しやくしょ	*city hall, town hall*
公園	こうえん	*park*
建物	たてもの	*building*
ホテル		*hotel*
・地下鉄	ちかてつ	*subway, underground*
・〜行き	〜いき	*bound for 〜*

━ Other words: ━

海	うみ	*sea*
音	おと	*sound*

● *Additional New Words in Drills*

┌─ Transportation: ─────────────────────────┐

山の手線	やまのてせん	*Yamanote Line*
丸の内線	まるのうちせん	*Marunouchi Line*
中央線	ちゅうおうせん	*Chuo Line*

└──┘

┌─ Places: ──────────────────────────────────┐

新宿	しんじゅく	place name in Tokyo
東京駅	とうきょうえき	*Tokyo Station*
大手町	おおてまち	place name in Tokyo
秋葉原	あきはばら	place name in Tokyo
NTT		*Nihon Telephone Telegram Co.*
大学正門	だいがくせいもん	*university main entrance*
花屋	はなや	*flower shop*
ディスコ		*disco*

└──┘

Structure Drills

1. Insert the appropriate particles into the （　　）.

1. 道（　　）歩く
   みち　　　　あ

2. 道（　　）走る
   みち　　　　はし

3. バス（　　）乗る
   　　　　　　の

4. バス（　　）降りる
   　　　　　　お

5. 部屋（　　）入る
   へや　　　　はい

6. 部屋（　　）出る
   へや　　　　で

7. 公園（　　）遊ぶ
   こうえん　　あそ

8. 橋（　　）渡る
   はし　　　　わた

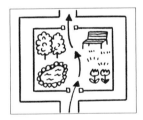

9. 公園（　　）通る
   こうえん　　とお

10. かど（　　）右（　　）曲がる
    　　　　　　みぎ　　　　ま

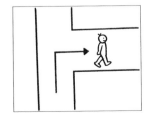

2．Make sentences as in the example:

a.　右に曲がる　＋　郵便局がある　→　右に曲がると、郵便局があります。
みぎ　ま　　ゆうびんきょく

1. まっすぐ行く　＋　交差点がある
い　　　　こうさてん
2. 橋を渡る　＋　公園がある
はし　わた　　こうえん
3. 交差点を左に曲がる　＋　バス停がある
ひだり　　　　　　てい
4. 歩道橋を渡る　＋　白い建物が見える
ほどうきょう　わた　　しろ　たてもの　み
5. 100メートルぐらい行く　＋　海が見える
い　　　　うみ　み
6. バスを降りる　＋　郵便局がある
お

b.　ヒーターをつける　＋　暖かくなる
あたた

　→　ヒーターをつけると、暖かくなります。

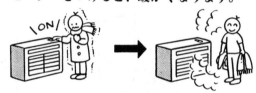

1. エアコンをつける　＋　涼しくなる
すず
2. ボタンを押す　＋　ドアが閉まる
お　　　　し
3. 9月になる　＋　新しいコースが始まる
がつ　　　あたら　　　　　はじ
4. まどを開ける　＋　車の音が聞こえる
あ　　　　くるま　おと　き
5. かばんが大きい　＋　たくさん入る
おお　　　　　　はい
6. 学生だ　＋　安くなる
がくせい　　やす
7. お金を入れない　＋　テレビがつかない
かね　い

3．a.　Practise as in the example:

ごはんを食べる　＋　おふろに入る
た

　→　ごはんを食べてから、おふろに入りました。

　→　ごはんを食べたあとで、おふろに入りました。

1. ＣＤを買う ＋ アパートに帰る　　2. 宿題をする ＋ テレビを見る

3. お金をおろす ＋ 買物をする　　4. 新聞を読む ＋ テニスをする

5. 食事をする ＋ 映画を見る　　6. ２キロぐらい走る ＋ シャワーを
　　　　　　　　　　　　　　　　　　　　　あびる

b.　Practise as in the example: (Use the cues in a.)

ごはんを食べる ＋ おふろに入る
→ おふろに入るまえに、ごはんを食べました。

4. Practise the dialogue as in the example:

いま行く・授業が終わる
→ A：いま行くんですか。
　　 B：いいえ、授業が終わってから行きます。

1. いま出かける・宿題をやる
2. すぐ国へ帰る・旅行する
3. すぐ山下さんのうちへ行く・電話する
4. 今月からアルバイトをする・夏休みが始まる
5. すぐ結婚する・大学を卒業する

☆5. Interview a partner.

1. 毎日、朝起きてから何をしますか。
2. 毎日、寝るまえに何をしますか。
3. きょうは、日本語の授業のあとで何をしますか。
4. 日本語のコースが終わったら、何をしますか。

6. a. Practise as in the example:

手紙を書く → 手紙を書いたほうがいいです。

1. 薬を飲む　　　　　2. タクシーに乗る
3. まどを開ける　　　4. 海で泳ぐ
5. 電話をする　　　　6. 歩道橋を渡る
7. 鈴木さんに相談する　8. 車で行く

b. Practise as in the example: (Use the cues in a.)

手紙を書く → 手紙は書かないほうがいいです。

7. Give your advice as in the example.

a. He is feeling sick.

病院に行く
びょういん　い
→　病院に行ったほうがいいですよ。

1. 薬を飲む
   くすり　　　の
2. 酒を飲む
   さけ
3. たばこをすう
4. 仕事を休む
   し　ごと　　やす
5. コーヒーを飲む
6. シャワーをあびる
7. 早く寝る
   はや　ね
8. 車を運転する
   くるま　　うんてん

☆b. He wants to travel to your country.

8. Make sentences as in the examples:

1) 東京・行きます　　→　東京に行きます。
   とうきょう

2) まど・子どもがいます　→　まどのところに子どもがいます。
   こ

1. 私の部屋・来てください
   わたし　へや　　き
2. 先生・行きます
   せんせい
3. かばんの中・かさがあります
   なか
4. ホテルのレストラン・食べませんか
   た
5. 私・来てください
6. ドア・リサさんがいます
7. デパートの一階の電話・会いましょう
   いっかい　でんわ　あ

9. Discuss the difference between the pairs of sentences.

1. 1) 私はいつもうちに帰ってから、3時間勉強します。
   2) 私はいつもうちに帰ってから、3時間は勉強します。

2. 1) うちから大学まで40分かかります。
   2) うちから大学まで40分はかかります。

3. 1) 日本に3年住みたいと思います。
   2) 日本に3年は住みたいと思います。

☆**10.** Practise as in the example, paying attention to the use of は and が.

1) リサさんがうちに帰りました。それから私はせんたくをしました。

   → 私は、リサさんがうちに帰ってから、せんたくをしました。

2) リサさんはうちに帰りました。それから（リサさんは）せんたくをしました。

   → リサさんは、うちに帰ってから、せんたくをしました。

1. 鈴木さんは手紙を書きました。（鈴木さんは）それから寝ました。
2. お母さんがテレビを消しました。それから子どもは勉強を始めました。
3. 弟は大学を卒業しました。それから（弟は）日本語の勉強を始めました。
4. 来週、発表が終わります。私たちは、それから旅行をします。
5. 信号が変わりました。子どもたちは横断歩道を渡りました。

Conversation Drills

1. Asking how long it takes by public transport or on foot（S-3）

a.

> A：あのう郵便局まで、バスで ｛ どのぐらい / 何時間／何分ぐらい ｝ かかりますか。
>
> B：そうですね。20分ぐらいかかると思いますよ。
>
> A：20分ですか。↘

郵便局　　バスで

1. 新宿　　　山の手線で　　　　　2. 東京駅　　　タクシーで
3. 京都　　　新幹線で　　　　　　4. 札幌　　　　飛行機で
5. NTT　　　歩いて　　　　　　　6. your choice

2. Asking how to get to a place（S-3）

> A：東京駅まで、タクシーでどのぐらいかかりますか。
>
> B：そうですね。30分ぐらいかかると思いますよ。
>
> A：30分ぐらいですか。
>
> B：タクシーで行くより、電車で行ったほうがいいんじゃないかな。
>
> A：電車ですか。↘　どうもありがとうございました。

東京駅　　　タクシーで

1. 新宿　　　　バスで　　　　　　2. 東京駅　　　山の手線で
3. 京都　　　　飛行機で　　　　　4. 大手町　　　タクシーで
5. 松見ホール　歩いて

3. Confirming the information （S-1, S-2, S-4）

a.

> A：あのう、<u>みどりデパート</u>はどこでしょうか。
> B：<u>あの交差点の先</u>ですよ。
> 　　<small>こうさてん さき</small>
> A：<u>あの交差点の先</u>ですね。
> B：ええ、そうです。

みどりデパート	交差点の先
1. 花屋	あの交差点の手前
2. 「ジョイ」というディスコ	あの白い建物の2階
3. 「タロー」というレストラン	まっすぐ行って、左
4. スポーツセンター	まっすぐ行って、右
5. 松見ホール	松見公園の向かい

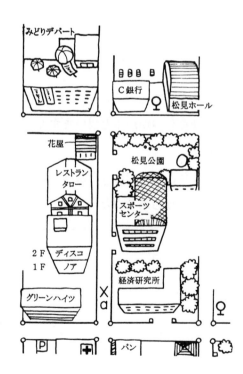

b.

> A：すみません。<u>NTT</u>に行きたいんですけど。
>
> B：<u>その角を曲がる</u>と、<u>右側</u>にありますよ。
>
> A：<u>その角を曲がって</u>、<u>右側</u>ですね。
>
> B：ええ。
>
> A：どうもありがとうございました。

NTT

1. 松見公園
2. 公害研究所
3. 安井カメラ
4. ○○銀行
5. ○○映画館

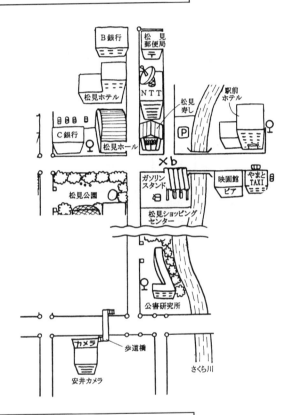

c.

> A：すみません。<u>天王台ホテル</u>はどこでしょうか。
>
> B：<u>天王台駅で降りて</u>、<u>西口に出て</u>ください。
>
> A：<u>降りて</u>、<u>西口に出る</u>んですね。
>
> B：ええ。ホテルは、<u>西口のすぐ前</u>ですよ。
>
> A：どうもありがとうございました。

天王台ホテル

1. 市役所
2. 経済研究所
3. 大学病院

4. Asking how to get to a place (S-1, S-2) ➡ TM

Work in pairs. Each partner receives a copy of the map, version A for the first student, version B for the second.

Ask each other for information which is missing from your map, such as the location of certain buildings and other places marked on the map, then describe the way to these places starting at the point indicated on your version of the map.

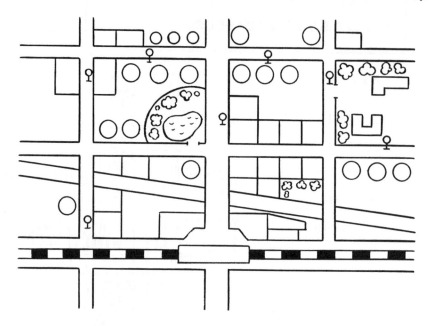

5. Asking about transportation (S-3)

a.

（At Otemachi station）

A：すみません、**東京駅**はどう**行**ったらいいですか。

B：**丸の内線**に**乗**って、**一つ目**ですよ。

A：**丸の内線**で、**一つ目**ですね。

B：はい。

東京駅

1. 銀座
   ぎんざ

2. 新宿
   しんじゅく

3. お茶の水
   ちゃ　みず

4. 新お茶の水
   しん　ちゃ　みず

☆b.　Subway/underground

（At Kitasenju station）

A：すみません、銀座はどう行ったらいいですか。

B：千代田線に乗って、大手町まで行ってください。

A：はい。大手町ですね。

B：ええ、そこで丸の内線に乗りかえて、

A：丸の内線ですね。

B：はい。銀座は、二つ目ですよ。

銀座

1.　明治神宮前　　　2.　霞ヶ関　　　3.　東京

4.　Your choice

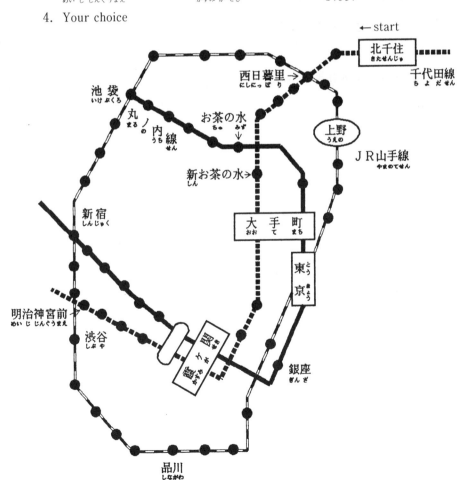

6. Aizuchi (S-4)

a. Listen to the tape and mark the *Aizuchi*.

1. ここを　まっすぐ　行くと　バス停が　ありますから　そこを　右に　曲がってください。

2. あそこに　大きい道が　あるでしょう　そこを　右に　曲がって　50メートル　ぐらい　行くと　歩道橋が　あるから　それを渡ると　左側にあります。

3. (on the phone)

   経済研究所の　前ですね　そこから　歩道橋が　見えますか　その歩道橋を渡ると　喫茶店が　ありますから　その先の　細い道を　曲がってください　20mぐらい行くと　左側に　白い家が　あります　そこが　私の家です。

b.

> A：ここをまっすぐ行くと、
>
> B：(はい)
>
> A：バス停がありますから、
>
> B：(はい)
>
> A：そこを右に曲がってください。
>
> B：(はい)

1. A：あそこに大きい道があるでしょう。

   B：(　　　　)

   A：そこを右に曲がって50メートルぐらい行くと、

   B：(　　　　)

   A：歩道橋があるから、それを渡ると左側にあります。

2. A：経済研究所の前ですね。

   B：(　　　　)

   A：そこから歩道橋が見えますから。

   B：(　　　　)

A：その歩道橋を渡ると、喫茶店がありますから、

B：（　　　　）

A：その先の細い道を曲がってください。

B：（　　　　）

A：20mぐらい行くと、左側に白い家があります。そこが私の家です。

c. Aizuchi and confirming information

Repeat the important information.

> A：あそこに大きい道があるでしょう。
>
> B：ええ。
>
> A：そこを右に曲がって50mぐらい行くと、歩道橋があるから、
>
> B：右に50mぐらいですね。
>
> A：そうそう。で、それを渡ると左側にありますよ。
>
> B：歩道橋を渡って、左側ですね。
>
> A：ええ。

1. A：あそこに歩道橋があるでしょう。

   B：（　　　　　　）

   A：そこを渡って右に行くと、映画館があるから、

   B：（　　　　　　と、　　　　　　　　）ですね。

   A：そうそう。で、映画館のとなりにありますよ。

   B：（　　　　　　　　　　）

2. A：あそこに白い建物が見えるでしょう。

   B：ええ。

   A：その先の信号を渡ると、銀行があるから、

   B：（　　　　　　　　　　）

   A：そうそう、で、その前にありますよ。

   B：（　　　　　　　　　　）

7. Asking on the phone how to get to a place

a. Listen to the tape carefully. Take notes of the directions given, and read them back to your classmate to make sure that you understood correctly.

b.

A：もしもし。田中さんのお宅ですか。

B：はい。田中です。

A：リサです。こんにちは。今、（ 　　　　　　　　　　　）んですが。

B：（ 　　　　　　　　）ですか。

A：はい。

B：そこから、歩道橋が見えますか。

A：ええ。

B：その（ 　　　　　　　　　　　　　　）から。

A：（ 　　　　　　　　　）ですね。

B：ええ。その先の細い道を（ 　　　　　　　　　　）

A：（ 　　　　　）んですね。

B：はい。
　　20mぐらいまっすぐ行くと、左側の白い家です。

A：左側の白い家ですね。

B：ええ。

A：どうもありがとう。じゃ、また。

8. Role play

1. You would like to go to your country's embassy but you do not know the way. Looking at a map of Tokyo, ask how to get to the embassy from the place where you live. Confirm the directions.

2. You have been invited to your academic advisor's house but you do not know the way. Phone your academic advisor and ask him for directions.

☆3. Phone a restaurant or an art gallery close to where you live and ask for directions to go there. Tell them where you are.

Tasks and Activities

1. Listen to the tape. You will hear a person giving directions about going to three places. Using the map below, follow the directions and indicate the locations of the places described. Choose your answers from a to i.

1	レストラン「マンジャーレ」	
2	山中図書館 _{やまなか と しょかん}	
3	喫茶店「モーツァルト」 _{きっ さ てん}	

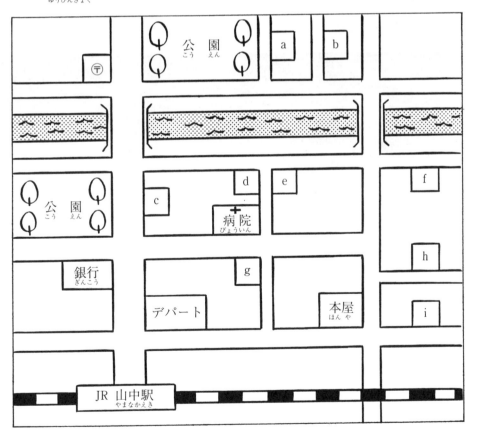

2. a. Smith-san has just arrived at the New Tokyo International Airport (Narita Airport). He phones his friend to ask how to get to Shinjuku. Listen to the tape and determine the kind of transportation he will use.

1. 成田 ──タクシー──→ 新宿
   なりた   しんじゅく

2. 成田 ──JR線──→ 新宿
           せん

3. 成田 ──バス──→ 新宿

4. 成田 ──京成線──→ 日暮里 ──JR山手線──→ 新宿
         けいせいせん にっぽり   やまのてせん

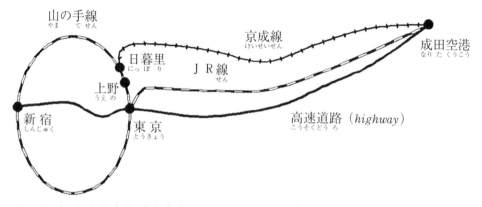

b. Write a few sentences describing the way you came to Japan from your country.

3. a. Listen to the tape. You will hear a series of conversations about apartment hunting. Choose the picture which is being talked about and fill in the blanks below.

1.＿＿＿ 2.＿＿＿ 3.＿＿＿

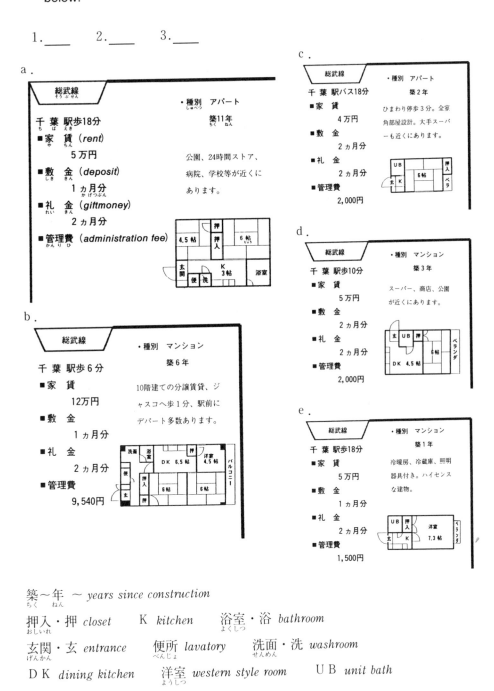

築～年 ～ *years since construction*
ちく ねん

押入・押 *closet*　　Ｋ *kitchen*　　浴室・浴 *bathroom*
おしいれ　　　　　　　　　　　　　　　　よくしつ

玄関・玄 *entrance*　　便所 *lavatory*　　洗面・洗 *washroom*
げんかん　　　　　　　べんじょ　　　　　　せんめん

ＤＫ *dining kitchen*　　洋室 *western style room*　　ＵＢ *unit bath*
　　　　　　　　　　　　ようしつ

☆b. Talk to your friends about the kind of apartment you want to rent.

4. One of your friends is a great inventor. He has given you a robot as a present for your birthday. It doesn't have any special functions yet, but according to him, you can select four functions out of the 12 options given below to suit your needs. Which ones would you choose?

なんでもロボット
SUPER ROBOT

① 呼ぶと来る。

② せなかのボタンを押すと、頭の上から水が出る。

③ 口に英語の文を入れると、日本語の文にする。

④ タイマーをセットすると、その時間におどる。

⑤ 夜になると、大きい声で歌を歌う。

⑥ 「お茶が飲みたい」というと、お茶を入れる。

⑦ 頭をたたくと、何でもこわす。

⑧ 耳のアンテナを長くすると、おなかがテレビになる。

⑨ 漢字を見せると読む。

⑩ 「元気ですか」と聞くと、ジャンプする。

⑪ 人の顔を見ると、わらう。

⑫ 足のスイッチを入れると、そうじする。

おどる *to dance*　声 *voice*　歌を歌う *to sing a song*
たたく *to hit*　わらう *to smile*

The 4 functions you have chosen.

5. a. Sato-san is a 40-year-old businessman working for a computer company. His son Hideo-kun has written a composition entitled "My Father" as shown below. Read the composition.

　　　ぼくのお父さん

　　　　　　　　　　さとう　ひでお

　ぼくのお父さんは、とてもいそがしいです。毎日、ぼくがおきるまえに、会社に行きます。お父さんは、時間がないから、うちで朝ごはんを食べません。会社に行ってから、パンを食べます。
　お父さんは、夜もいそがしいです。いつも会社に、10時ごろまでいます。そして、ぼくがねたあとで、うちに帰ってきます。ぼくは、もっとお父さんとあそびたいです。

Write (○) if the statement is correct, and (×) if it is wrong.

(　)1. 佐藤さん（お父さん）は、毎日いそがしい。

(　)2. ひでおくんは、佐藤さんより早く起きる。

(　)3. 佐藤さんは、うちで朝ごはんを食べる。

(　)4. 佐藤さんは、毎日ひでおくんと遊ぶ。

(　)5. 佐藤さんが会社から帰ってくるまえに、ひでおくんは寝る。

☆b. Discuss the following topics.

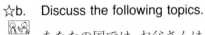

あなたの国では、お父さんは子どもと遊ぶ時間がたくさんありますか。日本の「いそがしいお父さん」をどう思いますか。

91

Lesson 13

喫茶店で
きっ　さ　てん

At a coffee shop

● **New Words in Drills**

・ is used only in Conversation Drills

┌─ Verbs: ──────────────────────────

┌─────────────────┐		
│ ＜person＞が │		
│ ＜thing＞を │		

歌う（Ⅰ）	うたう	*to sing*
ひく（Ⅰ）		*to play (an instrument)*
なくす（Ⅰ）		*to lose*
かう（Ⅰ）		*to keep (animals, etc.)*
・手伝う（Ⅰ）	てつだう	*to help, to assist*
かく（Ⅰ）		*to draw*

┌─────────────────┐
│ ＜thing＞が │
│ ＜place＞に │

届く（Ⅰ）	とどく	*to reach*

┌─────────────────┐
│ ＜person A＞が │
│ ＜person B＞に │
│ ＜thing＞を │

くれる（Ⅱ）	*to give*	
くださる（Ⅰ）	*to give*	⇨ GN Ⅱ
さしあげる（Ⅱ）	*to give*	

┌─ Adjectives, adverbs: ──────────────────

好き（な）	すき（な）	*to like*
きらい（な）		*to dislike*
上手（な）	じょうず（な）	*to be good at*
下手（な）	へた（な）	*to be poor at*
・遅い	おそい	*late*
・すごい		*great, amazing*

92

・よろしい		*all right (polite)*
いっぱい		*full*
まだ		*still, just*
いつも		*always*

Hobby:

歌	うた	*song*
ピアノ		*piano*
ギター		*guitar*
絵	え	*painting*
すもう		*sumo wrestling*
サッカー		*soccer*
バレーボール		*volleyball*
カラオケ		*karaoke*

People:

・先輩	せんぱい	*one's senior*
・研究生	けんきゅうせい	*research student*
・研究員	けんきゅういん	*researcher*
・妹	いもうと	*my younger sister*
・家内	かない	*my wife*
奥様	おくさま	*s. o. else's wife (polite)*
・ぼく		*I (male)*
すもうとり		*sumo wrestler*

Other words:

おかし		*sweets*
給料	きゅうりょう	*salary, pay*
ガソリン		*gasoline, petrol*
・独身	どくしん	*single, unmarried*
～ひき	ひき / びき / ぴき	counter for animals, etc.
土地	とち	*land, estate*
～㎡／～平方メートル	へいほうメートル	*~ square meters*
・めいわく		*trouble*
・中古	ちゅうこ	*used*

● *Additional New Words in Drills*

┌─ Other words: ─────────────────────────────────────┐

指導教官	しどうきょうかん	*supervisor*
日本文学	にほんぶんがく	*Japanese literature*
ジャズ		*jazz*
ラケット		*racket*
そうじ機	そうじき	*vacuum cleaner*
スピーカー		*speaker*
ロック		*rock (music)*
クラシック		*classic*
書道	しょどう	*calligraphy*
柔道	じゅうどう	*judo*

└──┘

┌─ Expressions: ─────────────────────────────────────┐

この間	このあいだ	*the other day*
それなら		*in that case*
おじゃまをする		*to disturb*
とんでもない		*not at all*
そんなことない		*not really*
えんりょなく		*frankly, unreservedly*

└──┘

Structure Drills

1. Practise the dialogues using the words given in the box.

    a.   A：○○さんは映画が好きですか。
         B：はい、好きです。／いいえ、｜好きじゃありません。
                                    ｜きらいです。

    b.   A：○○さんはテニスが上手ですね。
         B：いいえ、（まだ）下手です。

    ┌───┐
    │ 勉強　音楽　映画　旅行　歯医者　そうじ　スポーツ │
    │   │
    │ すもう　バレーボール　テニス　サッカー　ピアノ   │
    │   │
    │ ギター　歌　絵　運転　料理　日本語　漢字　字   │
    └───┘

2. Look at the picture and make sentences with ～ています。

本を読んでいます。

3．Look at the picture and practise as in the example:

＜本を読んでいます＞人
　ほん　よ　　　　　　　ひと
→　A：本を読んでいる人はだれですか。
　　B：マイクさんです。

小山　　　　　　山田
こやま　　　　　やまだ

ジム

1.＜かみが長いです＞人
　　　　　なが
2.＜車の中にいます＞人
　　くるま　なか
3.＜ジムさんのとなりにいます＞人
4.＜時計を忘れました＞人
　　とけい　わす
5.＜ジュースを飲んでいます＞人
　　　　　　の

マイク　　　　加藤
　　　　　　　かとう

4．Practise as in the example:

＜きのう買いました＞
　　　　か

＜つくえの上＞
　　　　うえ

→　A：きのう買った本はどこですか。
　　B：つくえの上です。

1.＜いつも使っています＞
　　　　つか

＜あそこ＞

2.＜リサさんが作りました＞
　　　　　　つく

おかし
＜れいぞうこの中＞

3.＜ミカさんにあげます＞

＜ロッカーの中＞

4.＜○○さんから来ました＞
　　　　　　き

＜電話の右＞
　　でんわ　みぎ

5.＜きのう届きました＞
　　　　とど

荷物
にもつ
＜となりの部屋＞
　　　　　へや

5. Practise as in the example:

a.

アニル

これは ┃ アニルさんが作った料理です。
　　　 ┃ アニルさんの作った料理です。

1.

リサ

これは、

2.

山下
やました

これは、

＜論文を書きました＞
　ろんぶん　か

3.

田中
たなか

これは、

4.

ロペス

ここは、

アパート

5.

鈴木
すずき

ここは、

＜よく行きます＞
い

b.

もも子さんにもらった
セーターを着ています。
き

＜もも子さんにもらいました＞
こ

セーターを着ています

1.

＜服を着ています＞
ふく

犬を見ました
いぬ　み

2.

＜奈良でとりました＞
なら

写真を見せてください
しゃしん

3.

＜先週買いました＞
せんしゅう か

ラジカセをなくしました

4.

＜もも子さんに習いました＞

歌を教えてください

6. Practise as in the examples:

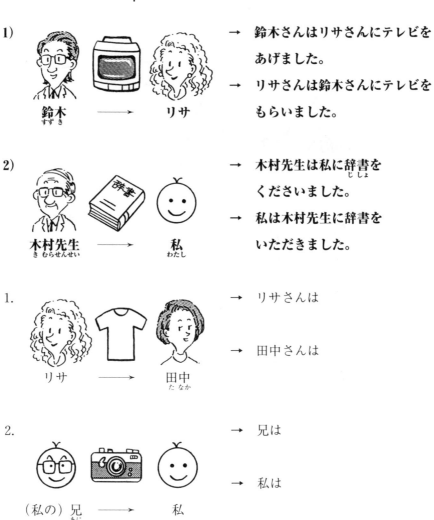

1)

→ 鈴木さんはリサさんにテレビを
あげました。

→ リサさんは鈴木さんにテレビを
もらいました。

鈴木

リサ

2)

→ 木村先生は私に辞書を
くださいました。

→ 私は木村先生に辞書を
いただきました。

木村先生

私

1.

→ リサさんは

→ 田中さんは

リサ

田中

2.

→ 兄は

→ 私は

（私の）兄

私

3. → 先生は

→ 子どもたちは

先生
せんせい　→　子どもたち
こ

4. → 木村先生は

→ 私は

木村先生
きむら　→　私
わたし

5. → 木村先生は

→ 弟は

木村先生　→　（私の）弟
おとうと

6. → 学生たちは

→ 木村先生は

学生たち
がくせい　→　木村先生

7. → アニルさんは

→ 私たちは

アニル　→　私たち

8. → 木村先生の奥さんは

→ 私は

木村先生の　→　私
奥さん
おく

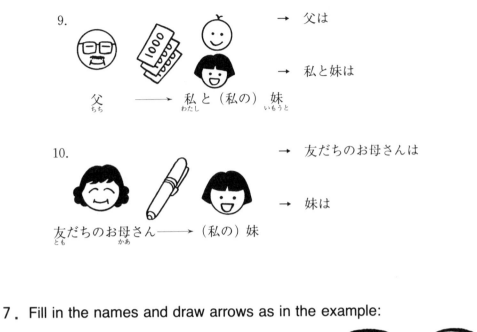

9. → 父は

→ 私と妹は

父　　───→　私と（私の）妹
<small>ちち</small>　　　　　　<small>わたし</small>　　　　<small>いもうと</small>

10. → 友だちのお母さんは

→ 妹は

友だちのお母さん───→（私の）妹
<small>とも</small>　　<small>かあ</small>　　　　　　　　<small>いもうと</small>

7．Fill in the names and draw arrows as in the example:

リサさんにカードをもらいました。　リサ → 私

1. ミカさんは鈴木さんに写真をあげました。　ミカ ○
<small>すず き</small>　　　<small>しゃしん</small>

2. 阿部さんにお手紙をいただきました。　○ 阿部
<small>あ べ</small>　　　<small>て がみ</small>

3. 母がセーターをくれました。　母 ○
<small>はは</small>

4. アニルさんが和田先生に本をさしあげました。　○ アニル
<small>わ だ せんせい</small>　　<small>ほん</small>

5. 先生は歌のテープをくださいました。　○ ○
<small>うた</small>

☆8．Describe the situation shown in the dialogue.

田中：きれいなコートね。
<small>た なか</small>

リサ：ええ。誕生日に母がくれたの。
<small>たんじょう び</small>

→　リサさんは、誕生日にお母さんにコートをもらいました。

1. ジム：先生、これ、フランスのハンカチなんですけど、奥様にさしあげて
<small>おくさま</small>
　　　　ください。

　先生：いやあ、これはどうもありがとう。

　→　先生の奥さんは ＿＿＿＿＿＿＿＿＿＿＿＿＿＿＿＿＿＿＿＿＿。

2. アニル：そのカメラ、どこで買ったんですか。

　　リー：いえ、兄がくれたんです。

　　→　リーさんは ＿＿＿＿＿＿＿＿＿＿＿＿＿＿＿＿＿＿＿＿＿＿＿。

3. 先生：これ、この間のパーティーの写真なんだけど。

　　リサ：どうもありがとうございます。

　　→　リサさんは ＿＿＿＿＿＿＿＿＿＿＿＿＿＿＿＿＿＿＿＿＿＿。

4. 田中：アニルさん、どんな辞書、使ってるんですか。

　　アニル：先生にいただいたのを使っています。とてもいい辞書ですよ。

　　→　先生は、アニルさんに ＿＿＿＿＿＿＿＿＿＿＿＿＿＿＿＿＿＿。

5. 田中：この間いただいたおかし、とてもおいしかったです。

　　キム：そうですか。それはよかったわ。

　　→　キムさんは ＿＿＿＿＿＿＿＿＿＿＿＿＿＿＿＿＿＿＿＿＿＿。

9. Practise as in the example:

＜ごはんを食べる＞

ごはんを食べたばかりなので、おなかがいっぱいです。

1. ＜日本へ来る＞

　　＿＿＿＿＿＿＿＿＿＿＿ので、日本のことはわかりません。

2. ＜入れる＞

　　ガソリンは、きのう＿＿＿＿＿＿＿＿＿ので、まだたくさんあると思います。

3. ＜始める＞

　　Ａ：アルバイトはどうですか。

　　Ｂ：まだ＿＿＿＿＿＿＿＿＿ので、大変です。

4. ＜ ？ ＞

　　＿＿＿＿＿＿＿＿＿ので、まだねむいです。

5. 給料をもらったばかりなので、＿＿＿＿＿＿＿＿＿＿＿＿＿＿＿。

6. 田村さんは結婚したばかりなので、＿＿＿＿＿＿＿＿＿＿＿＿＿＿。

10. Practise as in the example:

A：ジムさんは毎日15時間勉強するんです。

B：えっ、15時間も勉強するんですか。

1. A：鈴木さんはネクタイを５０本持っているんです。

2. A：和田さんはコーヒーを一日に10ぱいお飲みになるんですよ。

3. A：ピーターさんは犬を10ぴきかっているんですよ。

4. A：すもうとりはごはんを一日に30ぱい食べるんですよ。

5. A：あそこの土地は１m² 500万円するんです。

Conversation Drills

1. Apologizing (S-1)

a.

> A：すみません、遅くなって。
> 　　遅くなって、すみません。
>
> B：いいえ。

遅くなりました

1. 宿題を忘れました　　　　　2. クラスを休みました
3. ゼミを欠席しました　　　　4. おじゃましました
5. 予定をかえました　　　　　6. ごめいわくをかけました
7. 約束を忘れました

b.

> A：ごめんね、
> 　　すみません、　　　遅くなって。
> 　　申しわけありません、
>
> B：いいえ。
> 　　ううん。

（B：友だち）　　**遅くなった**

1. （B：先生）　　遅くなった
2. （B：先生）　　宿題を忘れた
3. （B：先輩）　　カメラをこわした
4. （B：友だち）　借りた本をなくした

2．Making excuses

a. An excuse for being late（S-1）

A：｛すみません、
　　申しわけありませんが、｝遅くなりまして。
　　　　　もう

B：いいえ。

A：ゼミが長くなった｛んです。
　　　　なが　　　　　もんですから。｝

B：いいえ、かまいませんよ。

ゼミが長くなった

1. バスが遅れた
　　　　　おく
2. 電話があった
　　　　でん わ
3. 指導教官に会っていた
　し どうきょうかん　あ
4. 会議が長くなった
　かい ぎ
5. 国から友だちが急に来た
　くに　　とも　　きゅう き
6. your choice

b. Casual conversation

Use the cues in a.

A：｛ごめん、
　　ごめんね、｝遅くなっちゃって。

B：ううん。

A：ちょっと友だちと昼ごはん食べてた｛んだ。
　　　　　　　　　ひる　　た　　　の。
　　　　　　　　　　　　　　　　　もんだから。｝

B：あ、そう。

c. Other excuses

> A：すみません。<u>保健センターに行っていたので、</u>
> <u>遅くなりました。</u>
> B：<u>いえ、かまいませんよ。</u>

保健センターに行っていました　　　**遅くなりました**

1. 東京へ行っていました　　　　　　電話をかけませんでした
2. 指導教官に会っていました　　　　欠席しました
3. 国から友だちが来ました　　　　　ゼミを休みました
4. 忙しかったです　　　　　　　　　返事が遅くなりました
5. your choice

> かまいませんよ　　　いいえ　　　あ、そう　　　ううん⤵

☆d. Apologizing in such situations

1. （ B：友だち）　　　　　電車が遅れた　　　　　　遅くなった
2. （ B：先生）　　　　　　熱があって、寝ていた　　クラスを休んだ
3. （ B：先輩）　　　　　　落とした　　　　　　　　カメラをこわした
4. （ B：先生）　　　　　　バスにわすれた　　　　　本をなくした
5. （ B：ガールフレンド）　先生の仕事を手伝っていた　約束を忘れた

3．Introducing（S-2）

a.

> A：あの、Cさん。こちら、<u>この 間 お話しした</u>Bさん。
> あいだ　　はな
>
> B：｛ よろしくお願いします。
>   ねが
>   ｛ どうぞよろしく。
>
> C：こちらこそ、どうぞよろしく。Cです。

この間お話しした

1. イギリスから来た
   　　　　　き
2. 木村研究室の
   き むらけんきゅうしつ
3. 田中さんの友だちの
   た なか　　とも
4. となりの部屋に住んでいる
   　　　　　へ や　す
5. おなじ会社で働いている
   かいしゃ はたら
6. 私とおなじ大学で勉強した
   わたし　　　だいがく　べんきょう

b.

> A：あの、Cさん。こちら、<u>この間お話しした</u>Bさん。
>
> B：｛ よろしくお願いします。
>   ｛ どうぞよろしく。
>
> C：こちらこそ、どうぞよろしく。Cです。
>
> A：Bさんは、<u>テニスが上手</u>なんですよ。
>   じょうず
>
> C：そうですか。いつも、Aさんからお話を聞いています。
>   き

この間お話しした	テニスが上手だ
1. イギリスから来た	ギターが上手だ
2. 木村研究室の	カラオケが好きだ
	す
3. 田中さんの友だちの	東京に住んでいる
	とうきょう
4. となりの部屋に住んでいる	松見大学で経済を勉強している
	まつみ　けいざい
5. おなじ会社で働いている	コンピュータが専門だ
	せんもん

☆c. Introducing someone to someone

name	アリ	ソムサック	ジョン
nationality	インドネシア	タイ	アメリカ
status	大学院の学生 だいがくいん がくせい	研究生 けんきゅうせい	研究員 けんきゅういん
major	経済学 けいざいがく	コンピュータ工学 こうがく	日本文学 にほんぶんがく
hobby	ギター	音楽を聞くこと おんがく き	絵をかくこと え
other information	結婚している けっこん 子どもが二人 こ ふたり	独身 どくしん アリさんのとなり に住んでいる す	独身 どくしん 日本語が上手 にほんご じょうず

4. Small talk

a. About your hobby

A：いいギターですね。

B：そうですか。↗ 実は、買ったばかりなんです。
　　　　　　　　　　じつ　　か

A：そうですか。↘ 音楽がお好きなんですか。
　　　　　　　　　　おんがく　す

B：ええ。

A：どんな音楽がお好きですか。

B：そうですね。ジャズなんか、好きですね。

ギター	買ったばかりだ	ジャズ
1. CD	友だちにもらった とも	ロック
2. スピーカー	買ったばかりだ	クラシック
3. 車 くるま	日本人の友だちにもらった にほんじん	ホンダ
4. your choice		

b. Japanese Food

b-1. Likes

A：日本の食べ物はどうですか。
　　にほん　た　もの

B：おいしいですね。

A：そうですか。↘　さしみも大丈夫ですか。
　　　　　　　　　　　　　　　だいじょうぶ

B：ええ。はじめは、だめだったんですが。

A：そうですか。何が一番お好きですか。
　　　　　　　　なに　いちばん　す

B：そうですね。てんぷら { かな。
　　　　　　　　　　　　　 かしら。 ♣

てんぷら

1. すきやき　　　2. てっぱんやき　　3. とうふ　　　4. やきとり

b-2. Dislikes

A：日本の食べ物はどうですか。

B：そうですね。↘

　　てんぷらは、おいしいですね。

A：さしみは。↗

B：だめなんです。

A：そうですか。さしみは、おいしいんですけどね。

さしみ

1. とうふ　　　2. なっとう　　　3. すきやき　　　4. そば

c. About your Japanese and your hobbies

> A：日本語がお上手ですね。
> 　にほんご　　じょうず
> B：いえ、とんでもありません。まだ始めたばかりなんです。
> 　　　　　　　　　　　　　　　　はじ
> A：そうですか。
>
> 　　もうどのくらいやっているんですか。
> B：そうですね。1か月ぐらいですが。
> 　　　　　　　　　げつ
> A：1か月だけですか。すごいですね。
> B：いえ。そんなことないですよ。

日本語　　　1か月

1. 書道　　　2か月　　　　　2. 柔道　　　半年
　しょどう　　　　　　　　　　じゅうどう　　はんとし
3. テニス　　3か月　　　　　4. your choice

d. From small talk to the main topic

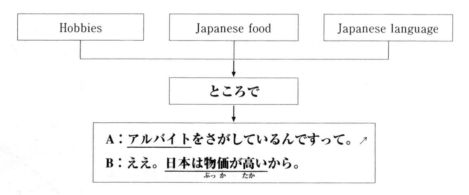

| Hobbies | Japanese food | Japanese language |

ところで

> A：アルバイトをさがしているんですって。↗
> B：ええ。日本は物価が高いから。
> 　　　　　　ぶっか　たか

アルバイト　　　　　日本は物価が高い

1. パソコン　　　　　漢字がむずかしい
　　　　　　　　　　かんじ
2. 車　　　　　　　　車がないと不便だ
　くるま　　　　　　　　　　　ふべん
3. 古いれいぞうこ　　新しいのは高い
　ふる　　　　　　　　あたら
4. your choice

5. Giving and receiving（S-4）

A：安いテレビ、さがしてるん 〈 だって。↗ 🕞
　　やす
　　　　　　　　　　　　　　 ですって。↗ 🔳

B：ええ。

A：それなら、〈 ぼく 〉のを 〈 あげてもいい 〈 よ。👨🕞
　　　　　　　　 私 　　　　　　　　　　　　 わよ。👩🕞
　　　　　　　 わたし　　　　 あげましょうか。🔳

B：えっ、でも、〈 いいの 〈 かな。🕞
　　　　　　　　　　　　　　 かしら。👩🕞
　　　　　　　　 よろしいんですか。🔳

A：ええ。どうぞ。使ってください。
　　　　　　　　　 つか

B：じゃ、えんりょなく。どうもありがとうございます。

安いテレビ

1. カメラ　　　　　　 2. ノートパソコン　　　 3. コンピュータ

4. 古いれいぞうこ　　 5. 漢字の辞書　　　　　 6. 中古の車
　　ふる　　　　　　　　 かんじ　じしょ　　　　　 ちゅうこ　くるま

6. Role play

1. You meet your senior in a coffee shop. You would like to have a part-time job, so you talk about this with your senior. Before getting into the main topic, talk about your senior's hobby. He is carrying a tennis racket.

2. You will go to Hokkaido next month. You want to borrow a camera from your friend. Before coming to the main topic, talk about your trip to Hokkaido.

3. You want to buy a cheap washing machine and a vacuum cleaner. You ask Tanaka-san about the second-hand shop she knows. Tanaka-san tells you the way to the shop. She offers to give you her washing machine and you accept her offer.

Tasks and Activities

1. Listen to the tape. You will hear a series of conversations about being given some items. Write down the number of items the man has after each conversation.

example 　男の人：0枚
　　　　おとこ　ひと　まい
　　　　　　→ （ 5 ）枚

1. 男の人：20こ
　　おとこ　ひと
　　　　　→ （　　）こ

2. 男の人：56枚
　　　　　→ （　　）枚

3. 男の人： 3枚
　　　　→　1枚　→　（　　）枚

4. 男の人：25枚
　　　　→　24枚　→　（　　）枚

2. a. A company would like to hire a secretary. Three applicants came for an interview. Listen to the tape and note down the applicants' qualifications using the chart below.

		ワープロ	外国語 がいこくご	趣　味 しゅ　み	健　康 けん　こう
1	加藤みどり かとう				
2	木村よう子 きむら　こ				
3	山下　弘子 やました　ひろこ				

ワープロ *word processor*　　趣味 *hobbies*　　健康 *health*

b. Below is a statement of the company's requirements for a secretary. Read the statement and determine who will be selected.

会社の人の話
かいしゃ　ひと　はなし

いちばん大切なのは、健康です。
たいせつ

それから、外国によく手紙や書類を出すので、英語がよく
てがみ　しょるい　だ　えいご

できる人がいいですね。使う外国語は、英語だけです。
つか

ワープロもできたほうがいいですね。でも、会社に入って
はい

からでも練習 する時間はあります。
れんしゅう　じかん

できれば、スポーツの好きな人がいいですね。スポーツの
す

好きな人は、仕事もがんばりますからね。
しごと

書類 *documents*
しょるい
大切な *important*
たいせつ
できれば *if possible*
がんばる *to do one's best*

3. Read the following story. On the basis of what you have read, fill in the blanks in the chart on the next page.

きのう、ぼくはおじさんの家に行った。

電車をおりて駅を出た。

駅の近くの映画館で、新しい映画のキャンペーンをやっていた。そこでぼくは映画スターのサインをもらった。

そのあと、田中さんに会った。田中さんはそのスターのファンなので、もらったサインを田中さんにあげた。かわりに田中さんはテレホンカードをくれた。

それから、おじさんの家に電話した。となりにいた60歳ぐらいの女の人が、こまかいお金がなくて困っていた。ぼくがテレホンカードをあげたら、その女の人はとても喜んで、持っていたりんごをくれた。

りんごを持っておじさんの家に行った。りんごはおじさんにあげた。おじさんはとても喜んで、古いトランペットをくれた。とてもうれしかった。

おじさんの家を出た。外はもう暗かった。駅に行くとちゅうで「キャー」という女の人の声が聞こえた。へんな男が白い服の女の人に「金はどこだ。」と言っている。ぼくはそっと男のそばへ行って、トランペットをふいた。男はびっくりしてにげた。よかった……。

その女の人は言った。

「ありがとう。私は星の国の王女です。私は勇敢な男の人をさがしていました。どうぞ私の国へ来て私の夫になってください。」

キャンペーン *campaign*　　サイン *autograph*　　かわりに *in return for*

こまかいお金 *small change*　　りんご *apple*　　喜ぶ *to be pleased*

トランペット *trumpet*　　うれしい *happy*　　声 *voice*　　そっと *secretly*

トランペットをふく *to blow a trumpet*　　びっくりする *to be surprised*

にげる *to run away*　　星 *star*　　王女 *princess*　　勇敢な *brave*

	何を なに	だれにもらった	だれにあげた
1	サイン	映画スター えい が	
2			60歳ぐらいの 女 の人 さい おんな ひと
3		60歳ぐらいの女の人	
4	トランペット		————————

4．Below is an example of a travel agent's advertisement. Write a message about your country or your town based on this example.

春の北海道
はる　ほっかいどう

５月の北海道は桜の花の咲く季節です。
がつ　　　　　　　さくら　はな　さ　きせつ

函館、札幌、登別をまわるコースがおすすめです。
はこだて　さっぽろ　のぼりべつ

函館山から見る夜景は日本一ロマンチック。
やま　　み　やけい　にほんいち

疲れた人は登別の温泉でリフレッシュ。
つか　ひと　　　　おんせん

美しい景色と、おいしい料理があなたを待っています。
うつく　けしき　　　　　　　りょうり　　　　　　ま

マツミトラベル

桜 *cherry*　　咲く *to bloom*　　季節 *season*　　まわる *to round*
さくら　　　　　さ

おすすめ *recommendation*　　夜景 *night view*　　景色 *scenery*
　　　　　　　　　　　　　　やけい　　　　　　　けしき

_____の_____

_____月の_____は_____季節です。

_____をまわるコースがおすすめです。

_____は世界一_____。
　　　　　　　　　　　せかい

_____があなたを待っています。

_____

8. Practise as in the examples:

1) カレーを
作る
_{つく}
ジム ← アニル

ジムさんはアニルさんに
カレーを作ってもらいました。

2) 病院へ
_{びょういん}
いっしょに行く
_い
私 ← 先生
_{わたし} _{せんせい}

私は先生に病院へ
いっしょに行っていただきました。

1. 宿題を
_{しゅくだい}
手伝う
_{てつだ}
ケビン ← 友だち
_{とも}

2. まんがの本を
_{ほん}
買う
_か
（私の）弟 ← 山下
_{おとうと} _{やました}

3. アパートを
さがす
リサ ← 田中
_{たなか}

4. ドアを
開ける
_あ
私 ← 鈴木
_{すずき}

5. 英語の本を
_{えいご}
読む
_よ
（私の）妹 ← リサ
_{いもうと}

6. 家まで
_{いえ}
送る
_{おく}
鈴木 ← 友だち
_{すずき}

7. 日本語を
_{にほんご}
教える
_{おし}
私たち ← 先生

8. 推薦状を
_{すいせんじょう}
書く
_か
私 ← 先生

☆9．Practise as in the example:

A：すてきな人形ですね。

B：日本人の友だちが作ってくれたんです。

1. A：わあ、食べ物がたくさんありますね。

   B：ええ、先週、母が送って＿＿＿＿＿んです。

2. A：そうじは終わりましたか。

   B：ええ、みんなが手伝いに来て＿＿＿＿＿ので。

3. A：手紙、上手に書けましたね。

   B：池田さんに見て＿＿＿＿＿んです。

4. A：保証人は決まりましたか。

   B：ええ、小野先生になって＿＿＿＿＿ました。

5. A：リサさんを知っていますか。

   B：ええ、この間田中さんが紹介して＿＿＿＿＿ました。

6. A：経済のニュースをよく知っていますね。

   B：ええ、友だちに教えて＿＿＿＿＿たんです。

10．Practise as in the examples：（⇨CN S-1）

1) あした来る・もらう　　→　A：あした来てもらえませんか。

　　　　　　　　　　　　　　　B：ええ、いいですよ。

2) あした来る・くださる　→　A：あした来てくださいませんか。

　　　　　　　　　　　　　　　B：ええ、いいですよ。

1. エアコンをつける・もらう

2. コピーをとる・くださる

3. ちょっと仕事を手伝う・くれる

4. 電話番号を教える・もらう

5. 荷物を部屋まで運ぶ・いただく

Conversation Drills

1. Telephoning（S-1a）

a. Telephoning the lost property office

A：客　　　B：営業所の人
　　きゃく　　　　えいぎょうしょ　ひと

> A：もしもし、○○バスのターミナルですか。
>
> B：はい。○○バスのターミナルです。
>
> A：あの、忘れ物の 係 をお願いしたいんですが。
> 　　わす　もの　かかり　　ねが
>
> B：はい、遺失物 係 ですね。ちょっと待ってください。
> 　　いしつぶつがかり　　　　　　　ま

　　○○バスのターミナル

1. ○○バスの営業所　　　　2. ○○警察
　　　　　　えいぎょうしょ　　　　　　　　けいさつ
3. ○○ホテル　　　　　　　4. ○○デパート
5. ○○駅　　　　　　　　　6. your choice
　　えき

b. Being referred elsewhere

> A：もしもし、○○バスのターミナルですか。
>
> B：はい。
>
> A：あの、バスの中に忘れ物をしたんですが。
>
> B：ええとね、忘れ物はここじゃないんですよ。
>
> A：あ、そうなんですか。
>
> B：駅前の営業所であつかってるんですよ。
> 　　えきまえ
>
> A：駅前の営業所ですか。
>
> B：ええ。

　　○○バスのターミナル　　バス

1. ○○駅 電車
えき でんしゃ
2. ○○ホテル 部屋
へ や
3. ○○警察 バス
けいさつ
4. ○○デパート 5階の子ども服売り場
かい こ ふくう ば
5. ○○ターミナル バス
6. 留学生センター 教室
りゅうがくせい きょうしつ
7. ○○病院 待合室
びょういん まちあいしつ
8. your choice

☆c. Getting information about a different place

A：もしもし、○○ターミナルですか。

B：はい。

A：あの、バスの中に忘れ物をしたんですが。
なか わす もの
B：ええとね、忘れ物はここじゃないんですよ。駅前の営業所
えきまえ えいぎょうしょ
のほうにかけてください。

A：あ、そうですか。駅前の営業所ですね。

○○ターミナル バスの中に忘れ物をした

1. ○○駅 切符を予約したい
きっぷ よやく
2. ○○ホテル 食事を予約したい
しょくじ
3. ○○センター 飛行機の切符を予約したい
ひこうき
4. 留学生センター 研究生の制度について聞きたい
けんきゅうせい せいど き
5. your choice

2. Asking for information （S-1b）

> A：すみません。
>
> B：はい。
>
> A：あの、<u>駅前の営業所の電話番号、教えていただけますか。</u> 🈁
>   えきまえ　えいぎょうしょ　でんわばんごう　おし
>
> B：はい。〰〰〰〰〰〰　です。
>
> A：┌ どうも。
>   │ すみません。
>   │ どうもすみません。
>   └ どうもありがとう。

（B：バスの営業所の人）　　**駅前の営業所の電話番号を教える**
　　　　　　　　ひと

1.（B：友だち）　　　　　**いっしょに病院へ行く**
　　　　とも　　　　　　　　　　びょういん　い

2.（B：先生）　　　　　　**辞書を貸す**
　　　せんせい　　　　　　　じしょ　か

3.（B：知らない人）　　　**○○の場所を教える**
　　　し　　　　　　　　　　　　ばしょ

4.（B：店員）　　　　　　**赤いセーターを見せる**
　　　てんいん　　　　　　　あか　　　　　み

5.（B：先輩）　　　　　　**日本の歌を歌う**
　　　せんぱい　　　　　　　にほん　うた　うた

6.（B：友だち）　　　　　**国の料理を作る**
　　　とも　　　　　　　　　くに　りょうり　つく

7.（B：知らない人）　　　**写真をとる**
　　　し　　　　　　　　　　しゃしん

3. Confirming information （S-3）

a. Listen to the following sentences and give proper Aizuchi with appropriate timing.

ex. ええと、　常総バスの　営業所の　電話番号は △ 74の △ 5946です。
　　　　　　じょうそう　　えいぎょうしょ　でんわばんごう

1. その角を　右に　曲がると　遺失物係が　ありますから、　そこで聞いて
　　　かど　みぎ　ま　　　いしつぶつがかり　　　　　　　　　　　　　　き
   ください。

2. 営業所は　朝　9時から　夕方　5時まで　開いていますから、　取りに
　　えいぎょうしょ　あさ　じ　　ゆうがた　じ　　　あ　　　　　　　　　　と
   きて　ください。

3. 遺失物係の　電話番号は　03の　3441の　3258で、　朝8時半から
   夕方　6時まで　です。

4. そこの　階段を　上がると、　左に　事務室が　あるんです。
   で、事務室に　入ると、　右側に　たなが　ありますから、
   そこに　ある　大きい　紙袋を　持ってきて　ください。

☆b.　Listen to a teacher speaking and give appropriate Aizuchi with the right timing.

4. Answering questions（S-2）

a.　For the situation below, respond to your teacher's questions about the underlined
sections:

> **A：バスの中に紙袋を忘れちゃったんですが。**
> B：**いつ。** ↗
> **A：けさです。**
> B：**どこ行き。** ↗
> **A：土浦行きです。**
> B：**あ、そうですか。で、どんな袋。** ↗
> **A：茶色の紙袋なんです。**

けさ、土浦行きのバスの中に茶色の紙袋を忘れた。

1. きのうの晩、駅のベンチの上に大きい紙袋を忘れた。
2. おととい、レストランの窓の近くの席にかさを忘れた。
3. 先週の木曜日、上野行きの電車の中に松見デパートのつつみを忘れた。
4. きのうの朝、教室のつくえの上に本が入っているかばんを忘れた。
5. けさ7時の大森行きのバスの中に論文が入っているふうとうを忘れた。
6. ゆうべ7時ごろ駅のホームにくつが入っている箱を忘れた。
7. きのうの午後3時ごろ駅のみどりの電話の近くにさいふを忘れた。
8. your choice

☆b. More complicated situations

1. きのう、上野駅9時の土浦行きの電車に新しいニコンのカメラを忘れた。

2. おととい4時間目に、2階の201の教室に古いみどりのかさを忘れた。

3. 先週、火曜日に松見デパートの5階のお手洗いに書類と手帳が入っている黄色のふうとうを忘れた。

4. ゆうべ、10時ごろホテルのロビーに青いしまのジャケットを忘れた。

5. きのう、夕方、会社の自分のつくえの上に金色の四角いつつみを忘れた。

6. おととい、ホテルの303号室の部屋の洗面所の中に洗濯物が入っている黒いビニールの袋を忘れた。

7. おととい、4時半の上野行きの電車のたなに買ったばかりの教育の本を忘れた。題名は『世界の教育制度』で、出版社は教文社だ。

8. your choice

5. Explaining colour and shape, etc. (S-4)

a. Explaining by looking at a picture

white box

→ 大きくて丸い、白い箱です。
中におかしが入っているんですけど。

1.

red box

2.

white shirt

yellow paper bag

3.
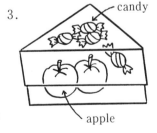

candy

apple

pink box, same size as a telephone

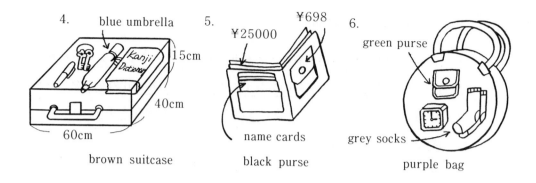

4.   blue umbrella

15cm

40cm

60cm

brown suitcase

5.   ¥698

¥25000

name cards

black purse

6.

green purse

grey socks

purple bag

b.   One student is shown a picture by the teacher and describes it in Japanese to the others; they draw a picture based on the description.

ex.

駅のホームにベンチが１つあります。男の人が３人いて、一人はすわって新聞を読んでいます。その人はめがねをかけています。もう一人はかみの長い人で、ベンチの左のほうに立ってギターをひいています。もう一人はベンチの右側に立っていて、大きいかばんをもっています。スーツを着て、ネクタイをしています。

6. Expressing one's feelings （S-5）

a.   Relief/Puzzlement

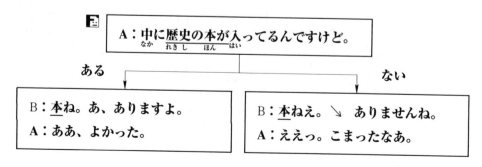

A：中に歴史の本が入ってるんですけど。
　　なか　れきし　ほん　はい

ある　　　　　　　　　　　　　　　　　　　　　　ない

B：本ね。あ、ありますよ。　　　　　　　　B：本ねえ。↘ ありませんね。
A：ああ、よかった。　　　　　　　　　　　A：ええっ。こまったなあ。

歴史の本

1. むらさきのかさ

2. 金色の時計
   きんいろ　とけい

3. 茶色の手帳
   ちゃいろ　てちょう

4. お客さまの名刺
   きゃく　　めいし

5. 新幹線の切符
   しんかんせん　きっぷ

6. 外国のレコード
   がいこく

7. 書類のふうとう
   しょるい

8. An object of your choice

☆b.　Joy/Disappointment

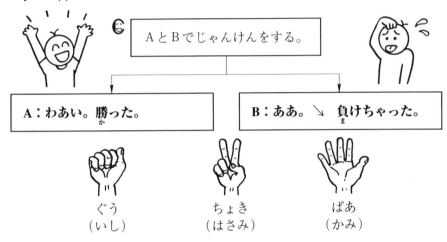

AとBでじゃんけんをする。

A：わあい。勝った。
　　　　　　　か

B：ああ。↘ 負けちゃった。
　　　　　　　　ま

ぐう
（いし）

ちょき
（はさみ）

ぱあ
（かみ）

7. Role play

1. Calling the JR Bus office: Yesterday on the 8:05 bus from Tsukuba Center to Tokyo, you forgot your black umbrella. They ask you when you'll come to the office to pick it up.

2. Call ○○ station: You forgot a red paper bag on the 11:25 train from ○○ to ×× on Saturday morning. In the bag there is a Japanese book and a letter from home. The person you speak to tells you to call the lost property office at ×× station, so you ask for the number and call. They ask you when you'll come to pick up your bag.

3. Call the information desk at ○○ department store: You forgot a white paper bag on top of the 4th floor record sales counter at around 2:00 p.m. on Sunday. Inside the bag was a package of sweets bought at ○○ department store and two books. You are told that it hasn't been found, and asked to call again tomorrow or come to the store and ask.

☆4. The students make up a lost and found situation, each of them writing "when", "where" and "what" on a card and combining the information in various ways. Use rock-paper-scissors or Amidakuji to decide who will make the phone call to enquire.

Amidakuji

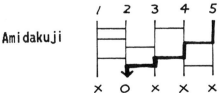

Tasks and Activities

1. Listen to the tape. You will hear a series of conversations about people describing objects to a person at the lost-property office. Choose which item (a to m) in the picture is being described and fill in the blanks below.

1.____   2.____   3.____   4.____   5.____

2. Listen to the tape. You will hear a reporter and three people talking about a fire. Choose the picture of the person who is talking.

1.___   2.___   3.___   4.___

a. アナウンサー

b. けがをした佐藤さん
　　　　　　さとう

全焼したアパート
ぜんしょう
全焼する *entirely destroyed by fire*

c. 近所の橋本さん
　きんじょ　はしもと
　近所 *neighbourhood*

d. 助けた吉田さん
　たす　　よしだ
　助ける *to rescue*

3. The following is a check list which shows the extent to which you can adapt yourself to living in foreign countries. Check your answers and see how much you score.

あなたの外国生活適応度 （a：1点　b：2点　c：3点）

1　料理ができますか。
a　インスタント食品は作れる。（食品 food）
b　かんたんな料理はいろいろ作れる。
c　料理が上手だ。

2　健康ですか。
（健康な healthy）
a　よく病気になる。
b　ときどき病気になる。
c　いつも元気だ。

3　知らないところに1人で行けますか。
a　1人では行きたくない。
b　地図を書いてもらったら、行ける。（地図 map）
c　住所と地図があったら、行ける。

4　買い物が上手ですか。
a　スーパーだったら買える。
b　いろいろな店で買える。
c　店の人と話して、高いものを安く買える。

5　はじめて会った人とすぐ話せますか。
a　知らない人とはすぐ話せない。
b　紹介してもらったら話せる。
c　知らない人とすぐ話せる。

6　きらいな食べ物がありますか。
a　きらいなものが多い。
b　きらいなものが少ない。
c　なんでも食べられる。（なんでも anything）

7　どこでも寝られますか。
a　自分の部屋でしか寝られない。（〜しか〜ない only）
b　ホテルや友だちの家でもよく寝られる。
c　どこでも寝られる。（どこでも anywhere）

8　人の前で歌えますか。
a　歌えない。
b　友だちといっしょにだったら歌える。
c　1人で歌える。

20点〜24点　どこでもだいじょうぶ
11点〜19点　がんばったらだいじょうぶ
10点以下　外国の生活はちょっとたいへん

TOTAL

136

4. Play the "KANJI game"

How to play:

1. Choose a kanji from the list.

2. Get the corresponding kanji information card from your teacher. Do not show the card to others.

3. Give three hints about the kanji.

4. Let the others guess the meaning of the kanji. They may not ask more than 15 questions about it.

5. The one who gives the correct meaning first wins the game.

example : 氷

kanji information card:

読 み：こおり
　　　　ヒョウ
意 味：ice
ことば：氷山
　　　　ひょうざん
　　　　氷点
　　　　ひょうてん

Three hints:

1. とても冷たいです。
2. ふつう、色はありません。
3. かたいです。(かたい hard)

Questions and answers:

Q1：食べ物ですか。
A ：いいえ。でも、食べられます。
Q2：水から作りますか。
A ：はい。
　　＊＊＊
Q3：「ice」ですか。(You may ask with the English equivalent.)
A ：はい。そうです。

5. a. Read the following post card. Using the INFORMATION LIST in the next
   page, determine which hotel is being described. Write the name of the hotel
   in the blank (   ) to complete the post card.

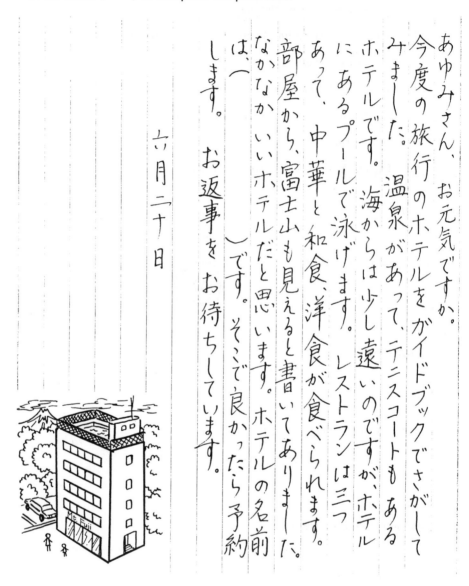

あゆみさん、お元気ですか。

今度の旅行のホテルをガイドブックでさがして
みました。温泉があって、テニスコートもある
ホテルです。海からは少し遠いのですが、ホテル
にあるプールで泳げます。レストランは三つ
あって、中華と和食、洋食が食べられます。
部屋から、富士山も見えると書いてありました。
なかなかいいホテルだと思います。ホテルの名前
は（　　　）です。そこで良かったら予約
します。お返事をお待ちしています。

六月二十日

今度 *next*　温泉 *hot spring*　中華 *Chinese food*　和食 *Japanese food*
こんど　　　おんせん　　　　　ちゅうか　　　　　　　　　わしょく
洋食 *western food*　富士山 *Mt. Fuji*　お返事 *reply*
ようしょく　　　　　ふじさん　　　　　　へんじ

☆b. Invite a friend on a trip. Write a letter and recommend a hotel where you can
   stay. Use the INFORMATION LIST to describe the hotel.

HOTEL INFORMATION LIST

	旅館名・電話 りょかんめい・でんわ	料　金 りょうきん	レストラン	スポーツ施設/温泉 しせつ おんせん	そ　の　他 た
A	あたみマリンホテル 0557-45-3222	2万円 ～3.5万円 まんえん	ル・ポワン(洋) 海王(中) かいおう	P・T・D・温	全室から海が見え ぜんしつ うみ み ます。海まで5分。 ふん
B	ニュー富士ホテル ふ じ 0557-33-1124	1.2万円 ～2万円	すその(和) オパール(洋) 月光園(中) げっこうえん	T・G・S・温	富士山が見えなかっ ふじさん み たら料金はお返し りょうきん かえ します。
C	ホテル山中湖 やまなかこ 0558-45-2233	1.2万円 ～2.3万円	アカシア(和・中) ネバーランド(バー)	T・G・P	湖 まで徒歩10分 みずうみ と ほ
D	あすか 0556-33-1111	2万円 ～4.5万円	円山(和) まるやま やぶしん(そば)	温	和風の庭園がみご わふう ていえん とです。海も全室か ら見えます。 み
E	ロッジ花の森 はな もり 0557-31-4334	8500円 ～1.5万円	フォレスト(洋) きのこ亭(和) てい	T・S・温	南 アルプスの山の みなみ やま 景色をお楽しみく けしき たの ださい。
F	ロイヤルホテル三島 み しま 0545-28-2111	2.3万円 ～3.5万円	けやき(和) 五竜(中) ごりゅう ロダン(洋)	P・T・G・温	全室から海が見えま す。富士山のながめ も最高。 さいこう
G	ペンション白い小屋 しろ こや 0533-45-3268	8000円 ～1.3万円	ユニコーン(洋) 島(和) しま	P・T・D	全室から富士山が見 えます。
H	ペンション柿の里 かき さと 0556-33-6642	7000円 ～1万円	ロワール(洋)	温	家庭フランス料理 かてい りょうり をお楽しみください。

レストラン　　（洋）洋食 *western food*　　　（中）中華料理 *Chinese food*
　　　　　　　ようしょく　　　　　　　　　　　　ちゅうかりょうり

　　　　（和）和食 *Japanese food*　　　バー *bar*
　　　　　　わしょく

スポーツ施設 *sport facilities*　　　P：プール　T：テニス　D：ダイビング
　　　　しせつ

　　　　　　　　　　　　　　　　G：ゴルフ　S：スキー　温：温泉
　　　　　　　　　　　　　　　　　　　　　　　　　　　　おんせん

全室 *every room*　　料金 *rate*　　湖 *lake*　　徒歩 *on foot*　　和風 *Japanese style*
ぜんしつ　　　　　　りょうきん　　みずうみ　　と ほ　　　　　　わふう

庭園 *garden*　　景色 *scenery*　　最高 *marvellous*　　家庭 *home*
ていえん　　　　けしき　　　　　さいこう　　　　　　　かてい

本を借りる

ほん　　　か

Borrowing a book

● *New Words in Drills*

· used only in Conversation Drills

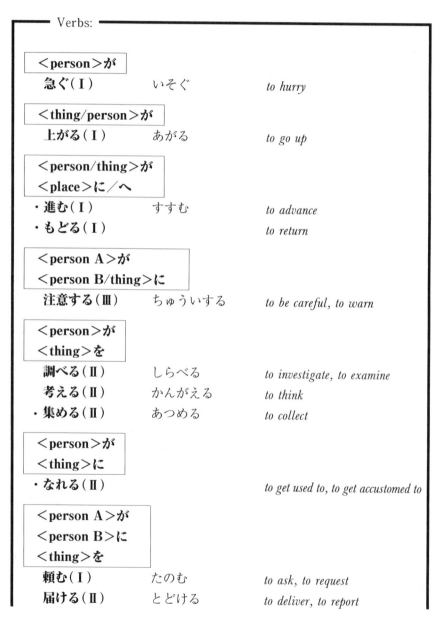

Verbs:

<person>が		
急ぐ（Ⅰ）	いそぐ	*to hurry*

<thing/person>が		
上がる（Ⅰ）	あがる	*to go up*

<person/thing>が <place>に／へ		
・進む（Ⅰ）	すすむ	*to advance*
・もどる（Ⅰ）		*to return*

<person A>が <person B/thing>に		
注意する（Ⅲ）	ちゅういする	*to be careful, to warn*

<person>が <thing>を		
調べる（Ⅱ）	しらべる	*to investigate, to examine*
考える（Ⅱ）	かんがえる	*to think*
・集める（Ⅱ）	あつめる	*to collect*

<person>が <thing>に		
・なれる（Ⅱ）		*to get used to, to get accustomed to*

<person A>が <person B>に <thing>を		
頼む（Ⅰ）	たのむ	*to ask, to request*
届ける（Ⅱ）	とどける	*to deliver, to report*

＜person＞が		
＜place＞に		
＜thing＞を		
持っていく（Ⅰ）	もっていく	*to take along*
並べる（Ⅱ）	ならべる	*to line up*
かける（絵）（Ⅱ）		*to hang (a picture)*

Adjectives, adverbs:

・おかしい		*funny, strange*
・基本的（な）	きほんてき（な）	*basic*
自分で	じぶんで	*by oneself*
そのまま		*as it is, as they are*
・何とか	なんとか	*somehow*
・どうにか		*somehow*
・なかなか		*not so well (⁺neg.)*
・ぜんぜん		*not at all (⁺neg.)*
うまく		*well*
・いつも		*always*
とうぶん		*for a while*

Other words:

復習	ふくしゅう	*review (of one's lessons)*
ワイン		*wine*
ドル		*dollar*
こと		*matter, event*
もの		*matter, thing*
高速道路	こうそくどうろ	*superhighway, motorway*
週末	しゅうまつ	*weekend*
石油	せきゆ	*petroleum, oil*

● *Additional New Words in Drills*

┌─ Other words: ─────────────────────────┐

生活	せいかつ	*life*
習慣	しゅうかん	*habit, custom*
予報	よほう	*forecast*
調査	ちょうさ	*survey*
期限	きげん	*time limit*
学会	がっかい	*conference, seminar*
貸し出し	かしだし	*loan*
返却日	へんきゃくび	*date due*
後輩	こうはい	*one's junior*

└──┘

Structure Drills

1. Practise as in the examples:

食べる　→　食べてみます。
　　　　→　食べてみたいです。
　　　　→　食べてみてください。

1. 使う
2. 見る
3. 調べる
4. 着物を着る
5. よく考える
6. 自分でやる

2. Practise as in the examples:

まどを開ける　→　まどを開けておきます。
　　　　　　　→　まどを開けておいてください。
　　　　　　　→　まどを開けておいたほうがいいですよ。

1. 電気をつける
2. みんなで相談する
3. 漢字を調べる
4. 荷物を届ける
5. 自転車をなおす
6. 田中さんに頼む

3. Practise the dialogue as in the example:

A：あさってテストをします。　　　　　　　＜復習をする＞
B：じゃあ、復習をしておきます。

1. A：この約束、忘れないでくださいね。　　＜カレンダーに書く＞
2. A：あした発表をしてください。　　　　　＜準備をする＞
3. A：レストランで食事をしましょう。　　　＜予約する＞
4. A：来週から石油の値段が上がりますよ。　＜　？　＞
5. A：こんばん、みんなでパーティーをしましょう。＜　？　＞
6. A：高速道路に入ると、とうぶんお手洗いはありませんよ。
　　　　　　　　　　　　　　　　　　　　　　＜　？　＞

4．Practise as in the example:

　　＜つける＞

　　A：ヒーターを消しましょうか。
　　　　　　　　け
　　B：いいえ、つけておいてください。

　　1.　A：ドアを閉めましょうか。　　　　　　　　　　　＜開ける＞
　　　　　　　　　　　し　　　　　　　　　　　　　　　　　　　　あ
　　2.　A：ワイン、れいぞうこから出しましょうか。　　＜入れる＞
　　　　　　　　　　　　　　　　　　だ　　　　　　　　　　　　い
　　3.　A：これ、となりの部屋に持っていきましょうか。＜ここに置く＞
　　　　　　　　　　　　　　へ　や　　も　　　　　　　　　　　　お
　　4.　A：いすを並べましょうか。　　　　　　　　　　　＜そのままにする＞
　　　　　　　　　　なら
　　5.　A：この書類、もうすてましょうか。　　　　　　　＜とる＞
　　　　　　　　　しょるい

5．Look at the picture and make sentences with 〜てあります．Use the
　　verbs given.

　　　花が置いてあります。
　　　はな

並べる	かける	置く
つける	開ける	閉める

6. Look at the pictures and make sentences as in the examples:

1)

アンさん・資料室・本・借りる
→ アンさんは資料室で本を借りていった。

2)

ジムさん・スーパー・食べ物・買う
→ ジムさんがスーパーで食べ物を買ってきた。

1.

リーさん・銀行・
ドル・円・かえる

2.

友だち・うち・
ごはん・食べる

3.

林さん・
友だち・聞く

4.

私たち・?

5.

私・?

7. Practise as in the examples:

a. 食べます → 食べろ

Ⅰ. 急ぎます　　言います　　立ちます　　すわります

Ⅱ. 出ます　　　見せます　　考えます　　調べます

Ⅲ. します　　　来ます　　　注意します　準備します

b.　食べます　→　食べるな
　た

Ⅰ．泳ぎます　　　入ります　　　使います　　　なおします
　　およ　　　　　はい　　　　　つか

Ⅱ．すてます　　　開けます　　　忘れます　　　まちがえます
　　　　　　　　　あ　　　　　　わす

Ⅲ．します　　　　来ます　　　　運転します　　　心配します
　　　　　　　　　き　　　　　　うんてん　　　　しんぱい

　　持ってきます
　　も

8．Explain the following signs.

左へ曲がる　　→　A：これはどんな意味ですか。
ひだり　ま　　　　　　　　いみ

　　　　　　　　　　　B：左へ曲がれという意味です。

1.　車を止めない　　　　　2.　ごみをすてない
　　くるま　と

3.　まっすぐ進む　　　　　4.　　　？
　　　　　　すす

5.　　　？　　　　　　　　6.　　　？

禁　煙
NO SMOKING

9. Practise as in the examples:

a. 1) Q：だれか来ましたか。

A：いいえ、だれも来ませんでした。

2) Q：論文について、だれかに相談しましたか。

A：いいえ、だれにも相談していません。

1. Q：れいぞうこに何かありますか。

2. Q：黒沢のもの、何かごらんになりましたか。

（黒沢　明　a famous movie director）

3. Q：だれか、待っているんですか。

4. Q：この問題、だれかに聞きましたか。

5. Q：週末はどこか(へ)いらっしゃいますか。

b. 映画をごらんになった

→ Q：最近、何か映画をごらんになりましたか。

A：｜ええ、「007」を見ました。

｜いいえ、何も見ていません。

1. おもしろい本をお読みになった

2. おいしいものをめしあがった

3. いいことがあった

4. 旅行にいらっしゃった

5. 体にいいことをしている

6. 国の友だちにお会いになった

Conversation Drills

1. Greetings after not having seen each other for a long time　(S-1a)

a. Meeting your teacher

> A：先生、ごぶさたしてます。
> B：やあ、しばらく。
> A：お元気ですか。
> B：うん、ありがとう。Aさんは。↗
> A：ええ、おかげさまで。

b. Meeting your friend

> A：｛やあ / あら｝、Bさん、ひさしぶり。
> B：あ、Aさん、しばらく。
> A：元気。↗
> B：うん。Aさんは。↗
> A：うん、なんとか。

2. Talking about how one is getting on （S-1b）

a. Being asked by your teacher

A：先生　　B：学生
がくせい

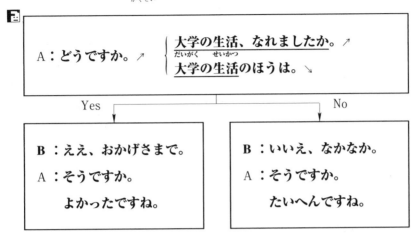

A：どうですか。↗
　大学の生活、なれましたか。↗
だいがく　せいかつ
　大学の生活のほうは。↘

　Yes　　　　　　　　　　　　　No

B：ええ、おかげさまで。
A：そうですか。
　　よかったですね。

B：いいえ、なかなか。
A：そうですか。
　　たいへんですね。

大学の生活、なれた

1. 論文、進んでいる
   ろんぶん　すす
2. レポート、終わった
   お
3. 調査、進んでいる
   ちょうさ
4. かぜ、よくなった
5. 資料、集まった
   しりょう　あつ
6. アパート、みつかった
7. 実験、うまくいった
   じっけん
8. アルバイト、うまくいっている
9. 仕事、うまくいっている
   しごと
10. your choice

b. Talking with your friend

Use the cues in a.

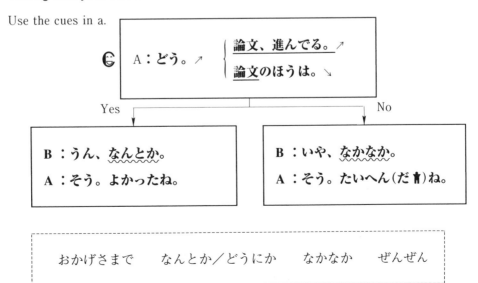

A：どう。↗
　論文、進んでる。↗
　論文のほうは。↘

　Yes　　　　　　　　　　　　　No

B：うん、なんとか。
A：そう。よかったね。

B：いや、なかなか。
A：そう。たいへん（だ⚥）ね。

おかげさまで　　なんとか／どうにか　　なかなか　　ぜんぜん

論文、進んでいる

3. Talking about other people (S-2)

a. Talking about your friend

a-1. A：先輩　　B：後輩
せんぱい　　　　こうはい

A：リサさんは。↗

B：東京の会社にインタビューに行くって
とうきょう　かいしゃ　　　　　　　　　　　　　い
言ってました（けど）。
い

> 東京の会社に
> インタビューに
> 行くんです。
>
> リサ

a-2. A、B：友だち
とも

A：リサさんは。↗

B：東京の会社にインタビューに行くって
言ってた（けど）。

1.
> 空港へ友だちを
> くうこう
> むかえに行く
> んです。

アニル

2.
> 図書館に本を
> としょかん　ほん
> 返しに行くの。
> かえ

田中
たなか

3.
> 実験ですごく
> じっけん
> 忙しいんです。
> いそが

中村
なかむら

4.
> 論文の資料を
> ろんぶん　しりょう
> 集めてるんだ。
> あつ

山下
やました

5.
> 試験のあとで、
> しけん
> 一度国へ帰りたい
> いちどくに　かえ
> んだけど……。

プラニー

6.
> 旅行会社で
> りょうこうがいしゃ
> アルバイト
> しているんだ。

鈴木
すずき

☆b.　Talking about a teacher

b-1.　A：先輩　　　B：後輩
　　　　　　せんぱい　　　　　こうはい

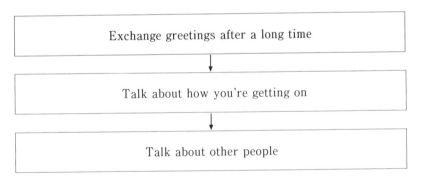

A：木村先生は。↗
　　きむらせんせい

B：午後から会議があるっておっしゃってました（けど）。
　　ご ご　　　かい ぎ

　　　　木村先生：「午後から会議があるんだ。」

1.　山田先生：「ちょっと食事してくるから。」
　　やま だ　　　　　　　　しょく じ

2.　井上先生：「きょうは1時から大阪で学会があるんだ。」
　　いのうえ　　　　　　　じ　　　おおさか　　がっかい

3.　佐藤先生：「5時ごろまで実験室にいるから。」
　　さ とう　　　　　　　　　じっけんしつ

4.　小林先生：「3時ごろまでにもどってきます。」
　　こ ばやし

b-2.　When A and B are friends

4.　Meeting after a long time （S-1, 2, 3）

Make a dialogue with a classmate or your teacher following the flow-chart, using a pair of cards.

Exchange greetings after a long time

↓

Talk about how you're getting on

↓

Talk about other people

A：学生
　　がくせい

日本の生活になれてきた。
に ほん　せいかつ

論文の資料を
ろんぶん　し りょう
集めてるんだ。
あつ

B：先生

Aに日本の生活について聞く。
　　　　　　　　　　　　　き

山下さんのことを聞く。
やました

5．Asking advice on books （S-3，S-4）

a. Getting someone to find a book

A：後輩　　B：先輩（貸し出し係）
　こうはい　　　せんぱい　か　だ　がかり

A：あの、本のことでちょっと。
　　　　　ほん

B：どんなこと。↗

A：ええと、エキスパート・システムについて何かありますか。
　　　　　　　　　　　　　　　　　　　　　　　　　　なに

B：そうね。↘　これなんか、どう。↗

A：あ、どうも。ちょっと見せてください。
　　　　　　　　　　　　　　み

B：どうぞ。

エキスパート・システム　*expert system*　（for computers）

1. 日本の生活習慣 *way of life*
　にほん　せいかつしゅうかん
2. 日本の経営システム *management system*
　　　　けいえい
3. データ・コミュニケーション *data communication*
4. 日本の公害対策 *measures against pollution*
　　　　こうがいたいさく
5. 日本の建築デザイン *architectural design*
　　　　けんちく
6. 日本の都市計画 *town planning*
　　　　と　しけいかく

b. Getting someone to find a further book

A：あの、ほかのはないでしょうか。↘

B：そうね。↘　ちょっと待って。↗　（Looking for book）
　　　　　　　　　　　ま

A：すみません、お手数かけて。
　　　　　　　　　てすう

ほかの

1. 英語の／中国語の／スペイン語の
　えいご　ちゅうごくご　　　　ご
2. 基本的な説明が書いてあるの
　きほんてき　せつめい　か
3. もうすこしデータが新しいの
　　　　　　　　　あたら

c. Declining an offer of help graciously

B：(Looking for a book)

　　おかしいな。↘　いつもはここに置いてあるんだけど。

A：あ、じゃ、けっこうです。また来ますから。

B：そう。↗

A：はい。どうもすみませんでした。

---

6. When you can't borrow a book

a. Reserving a book

A：学生　　B：図書館員（librarian）
　　がくせい　　　　としょかんいん

B：(Looking for a book) いま、貸し出し中 ですね。
　　　　　　　　　　　　　　　　か　だ　ちゅう

A：あ、じゃ、予約お願いできますか。
　　　　　　よやく　ねが

B：はい。じゃ、こちらに書いてください。
　　　　　　　　　　　　　か

A：はい。あの、いつごろもどりますか。

B：返却日は5日になってます。掲示板でお知らせしますから。
　　へんきゃくび　いつか　　　　　　けいじばん　し

A：はい。よろしくお願いします。

---

b. Photocopying a book

A：あの、これお願いします。(Showing a book)

B：あ、これは貸し出しできないんですけど。

A：あ、そうですか。あの、コピーはできますか。

B：ええ、どうぞ。あちらにコピー機がありますから。
　　　　　　　　　　　　　　　き

A：あ、どうも。

---

7. Asking how long you can borrow books (S-5)

a. When you don't know the period of loan

a-1. A：学生 がくせい　　　B：図書館員 としょかんいん

> A：あの、$\left\{\begin{array}{l}\text{どのぐらい}\\\text{何日ぐらい}\\\text{なんにち}\end{array}\right\}$ 借りられますか。か
>
> B：2週間です。しゅうかん
>
> A：2週間ですね。↗
>
> B：はい。

a—2.

> A：あの、いつまで借りられますか。
>
> B：来月の5日までです。らいげつ　いつか
>
> A：来月の5日までですね。↗
>
> B：はい。

b. When you know the period of loan

A：後輩 こうはい　　　B：先輩（貸し出し係） せんぱい　か　だ　がかり

> A：これお願いします。（Showing a book）ねが
>
> B：はい。じゃ、このノートに書いといてください。か
>
> A：はい。（Writing the necessary information）
>
> 　　ええと、2週間でしたね。↗
>
> B：はい。
>
> A：じゃ、どうもありがとうございました。

2週間

1. 3週間　　　2. 10日間 とおかかん　　　3. 1か月 いっげつ

154

☆8. Talking about problems/worries

a. Talking to a senior student

A：後輩　　B：先輩
　こうはい　　せんぱい

> A：これ、私に読めるでしょうか。↘
> 　　　わたし　よ
> B：うん、基本的な説明だから、だいじょうぶだと思うけど。
> 　　　きほんてき　せつめい　　　　　　　　　　おも
> A：そうですか。↘

これ、私に読める

1. これ、私に使える
   　　　　つか

2. このアルバイト、私にできる

b. Talking to your friend

> A：アリさん、来る ⎰かな。↘
> 　　　　　く　　　⎱かしら。↘👤
> B：うん、きのう連絡しておいたから、だいじょうぶだと思うけど。
> 　　　　　れんらく
> A：そう。↘

アリさん、来る　　　きのう連絡しておいた

1. これ、食べられる　　冷蔵庫に入れておいた
   　　　た　　　　　　れいぞうこ　いれ
2. あした、雨が降る　　天気予報で降らないって言ってた
   　　　あめ　ふ　　　てんきよほう　　　　　　い

☆9. Borrowing books in a small library

Make a dialogue with your teacher following the flow-chart, using a pair of role cards.

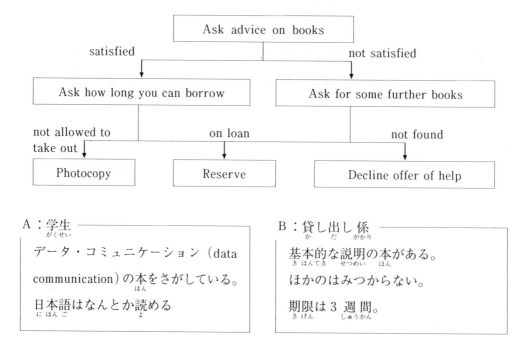

A：学生（がくせい）──
データ・コミュニケーション（data communication）の本をさがしている。
日本語（にほんご）はなんとか読（よ）める

B：貸（か）し出（だ）し係（がかり）──
基本的（きほんてき）な説明（せつめい）の本（ほん）がある。
ほかのはみつからない。
期限（きげん）は 3 週間（しゅうかん）。

10. Role play

1. You meet your teacher after a long time; talk with her/him on an appropriate topic.

2. You meet your friend after a long time; talk with her/him on appropriate topic.

3. You are looking for a useful book for your studies; ask advice in a small library and borrow a book.

☆4. Borrow a book you want to read in a library.

Tasks and Activities

1. a. Listen to the tape. You will hear a series of conversations between Lee-san and his teachers or his friends. Lee-san wants to know about Buddhism, and seeks advice on where and how he can get information. Note down each person's advice in the space below.

仏教 Buddhism　　お坊さん monk
ぶっきょう　　　　　　ぼう

example　中山先生：　田中先生に聞く
　　　　　　なかやませんせい

1. 原先生：＿＿＿＿＿＿＿＿＿＿＿＿＿＿＿＿＿＿＿
　　はら

2. 山田さん：＿＿＿＿＿＿＿＿＿＿＿＿＿＿＿＿＿＿
　　やまだ

3. 木村先生：＿＿＿＿＿＿＿＿＿＿＿＿＿＿＿＿＿＿
　　きむら

4. 佐藤さん：＿＿＿＿＿＿＿＿＿＿＿＿＿＿＿＿＿＿
　　さとう

☆b. Group discussion.

Discuss whose advice is the most useful.

2. a. Listen to the tape. You will hear two persons being asked how often they watch certain types of television programmes. Fill in the scores of the two persons interviewed in column A.

b. Interview two of your friends. Write their scores in column B.

scores:

いつも見る	5
よく見る	4
ときどき見る	3
ほとんど見ない	2
ぜんぜん見ない	1

番組 \ 名前	A 小林	A 橋本	B	
1. ニュース				
2. 天気予報				
3. 映画				
4. ドラマ				
5. 音楽				
6. ドキュメンタリー				
7. スポーツ				
8. クイズ				
9. お笑い(バラエティ)				

天気予報　　　　　　　*weather forecast*

ドキュメンタリー　　　*documentary film*

お笑い（バラエティ）　*comedy show*

☆c. Discuss Japanese TV programmes.

3. Write the appropriate words in the balloon. Change the words into the appropriate form.

4．The following are some suggestions for your trip in Japan. Read them and match 1〜4 with a 〜 d.

旅行の安全アドバイス ―トラブルが起きたら―

1. 道がわからなくなったら　　（　　）
2. 病気になったら　　　　　　（　　）
3. どろぼうにあったら　　　　（　　）
4. 忘れ物をしたら　　　　　　（　　）

どろぼうにあう *to have something stolen*

---

a. 行った場所の電話番号がわかったら、そこに電話して聞いてみましょう。電話番号がわからなかったら、104番に電話して聞いてみてください。そこになかったら、警察に届けたほうがいいでしょう。

b. 交番で聞きましょう。交番がなかったら、近くの人に聞いてみてください。行きたいところの住所・電話番号はメモしておきましょう。
（交番 *police box*）

c. 救急車（119番）を呼びましょう。自分で呼べなかったら、ホテルの人に呼んでもらいましょう。旅行にはいつも保険証を持っていったほうがいいです。（救急車 *ambulance*　　保険証 *health insurance card*）

d. 必ず警察に届けましょう。警察の電話は110番です。大切なものはホテルのフロントに預けておいたほうがいいでしょう。
（必ず *by all means*　　預ける *to keep*）

☆5. a. Earthquakes are common in Japan. Below is a list of what one should do to prepare for them, and what one should do when an earthquake actually occurs. Read the following lists.

地震の前

1 水、食料、ラジオ、薬などを用意しておく。
2 高いところのものが落ちてこないか調べておく。
3 たんすや本だなをかべにとめておく。
4 家族や友だちと、会うところや、連絡方法を決めておく。

用意する *to prepare*　　たんす *chest*　　本だな *bookshelf*
かべ *wall*　　とめる *to fix*　　方法 *way*

地震が来たら

1 火を消す。
2 つくえなどじょうぶなものの下に入る。
3 すぐ外に出ない。
4 まどやドアが開かなくなるので、開けておく。
5 エレベータは使わない。
6 ラジオやテレビで正しい情報を知る。

じょうぶな *strong*　　正しい *accurate*

b. Write to your friend who would like to go to your country, giving advice about things such as temperature and floods, strikes, robbers, among others.

電話をかける（2）タクシーを呼ぶ
でん　わ　　　　　　　　　　　　　　　　　　　　　よ

Phoning（2）：calling a taxi

● ***New Words in Drills***

・used only in Conversation Drills

┌─── Verbs: ─────────────────────────────────

＜person＞が
　運動する（Ⅲ）　　うんどうする　　*to exercise*
　生活する（Ⅲ）　　せいかつする　　*to live, to make a living*
・よっぱらう（Ⅰ）　　　　　　　　　*to get drunk*

＜thing＞が
・かわく（のど）（Ⅰ）　　　　　　　*to get thirsty*
　すく（おなか）（Ⅰ）　　　　　　　*to get hungry*
　こむ（Ⅰ）　　　　　　　　　　　　*to get crowded*
　なる（電話）（Ⅰ）　　　　　　　　*to ring (phone etc.)*

＜thing A＞が
＜thing B＞に
　のる（Ⅰ）　　　　　　　　　　　　*to be printed*

＜person＞が
＜place＞に
　ひっこす（Ⅰ）　　　　　　　　　　*to move a house*

＜person＞が
＜place＞を
　散歩する（Ⅲ）　　さんぽする　　　*to take a walk*

＜person＞が
＜thing＞を
　する（ネクタイ）（Ⅲ）　　　　　　*to wear (a tie)*
　かたづける（Ⅱ）　　　　　　　　　*to tidy up, to clean up*
　やめる（Ⅱ）　　　　　　　　　　　*to quit*

＜person A＞が ＜place＞に ＜person B＞を		
連れていく（Ⅰ）	つれていく	*to take along*
連れてくる（Ⅲ）	つれてくる	*to bring*

— Other words:

ジョギング		*jogging*
ドライブ		*drive*
声	こえ	*voice*
地震	じしん	*earthquake*
じょうだん		*joke*
趣味	しゅみ	*hobby*
機械	きかい	*machine*
設計	せっけい	*plan, design*
敬語	けいご	*keego*
無理（な）	むり（な）	*impossible*
いや（な）		*disgusting*
できるだけ		*as much as possible*

— Words to show the way:

北	きた	*north*
東	ひがし	*east*
目印	めじるし	*mark, landmark*
つきあたり		*the end*

Places:

・教会	きょうかい	*church*
・川	かわ	*river*
・神社	じんじゃ	*Shinto shrine*
・(お)寺	おてら	*Buddhist temple*
・工場	こうじょう	*factory*
・ガソリンスタンド		*gas/petrol station*
・バスターミナル		*bus terminal*
・すし屋	すしや	*sushi restaurant*
・ビル		*building*
・小学校	しょうがっこう	*elementary school*

● *Additional New Words in Drills*

Other words:

風	かぜ	*wind*
休講	きゅうこう	*class cancelled*
客	きゃく	*guest, customer*
公害	こうがい	*pollution*
～すぎ		*after ～*
～のほう		*general direction/area*
～丁目	～ちょうめ	*～ chome*
～通り	～どおり	*～ street*

Structure Drills

1. Practise as in the example:

書く → 書こう
か

Ⅰ. 使う　　　　返す　　　　帰る　　　　言う
　　つか　　　　　かえ　　　　　かえ　　　　　い
　　ひっこす　　待つ　　　　遊ぶ　　　　泳ぐ
　　　　　　　　　ま　　　　　　あそ　　　　　およ
　　頼む　　　　手伝う
　　たの　　　　てつだ

Ⅱ. 寝る　　　　起きる　　　やめる　　　おぼえる
　　ね　　　　　　お
　　集める　　　着る　　　　続ける　　　すてる
　　あつ　　　　　き　　　　　つづ
　　かえる　　　調べる
　　　　　　　　　しら

Ⅲ. する　　　　来る　　　　持ってくる　連れてくる
　　　　　　　　　く　　　　　も　　　　　　つ
　　卒業する　　運動する　　予習する
　　そつぎょう　　うんどう　　よしゅう

2. Practise as in the example:

あした授業を休む → あした授業を休もうと ｜思います。
　　じゅぎょう　やす　　　　　　　　　　　　　　　　　おも
　　　　　　　　　　　　　　　　　　　　　　　　　　｜思っています。

1. 8時までに帰る
　　じ

2. もっと運動する

3. 新しいアパートにひっこす
　　あたら

4. あした子どもを歯医者に連れていく
　　　　こ　　　　はいしゃ

5. できるだけ日本語で話してみる
　　　　　　　　にほんご　はな

6. あしたは友だちが来るから、そうじをしておく
　　　　　とも

7. 今度の週末は、＿＿＿？＿＿＿
　　こんど　しゅうまつ

8. 日本語のコースが終わったら、＿＿＿？＿＿＿
　　　　　　　　　　　　お

9. 国に帰ったら、＿＿＿？＿＿＿
　　くに

10. できるだけ＿＿＿？＿＿＿

3. Practise as in the examples:

a.

＜コピー機の上に置いてあります＞
　　き　うえ　お

→ （コピー機の上に置いてある）本はだれのですか。
　　　　　　　　　　　　　　　　ほん

1.

＜あそこに止まっています＞
　　　　　と

→ （　　　　　　　　　　　）車は和田先生のです。
　　　　　　　　　　　　　くるま　わ だ せんせい

2.

＜ジムさんに教えてもらいました＞
　　　　　　おし

→ （　　　　　　　　　　　）料理を作ろうと思います。
　　　　　　　　　　　　　りょうり　つく　　おも

3.

＜こんでいます＞

→ （　　　　　　　　　　　）電車に乗りたくありません。
　　　　　　　　　　　　　でんしゃ　の

4.

＜となりのアパートに住んでいます＞
　　　　　　　　　　　　す

→ （　　　　　　　　　　　）友だちと、ときどきドライブに行きます。
　　　　　　　　　　　　　とも　　　　　　　　　　　　　い

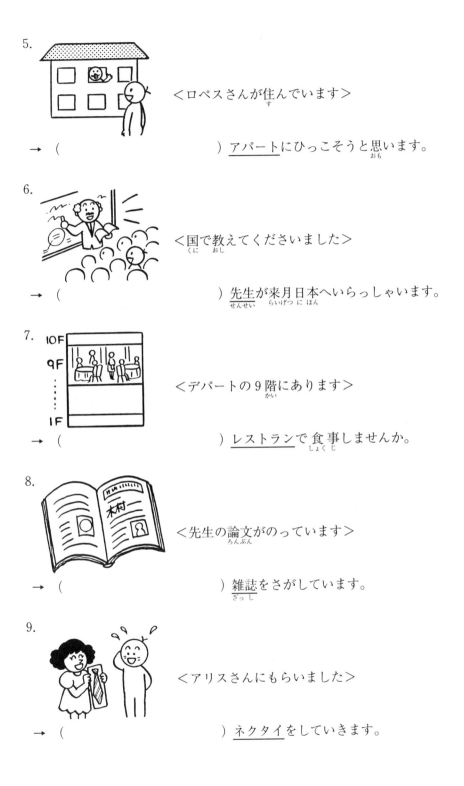

5.

<ロペスさんが住んでいます>

→ (　　　　　) アパートにひっこそうと思います。

6.

<国で教えてくださいました>

→ (　　　　　) 先生が来月日本へいらっしゃいます。

7.

<デパートの9階にあります>

→ (　　　　　) レストランで食事しませんか。

8.

<先生の論文がのっています>

→ (　　　　　) 雑誌をさがしています。

9.

<アリスさんにもらいました>

→ (　　　　　) ネクタイをしていきます。

10.

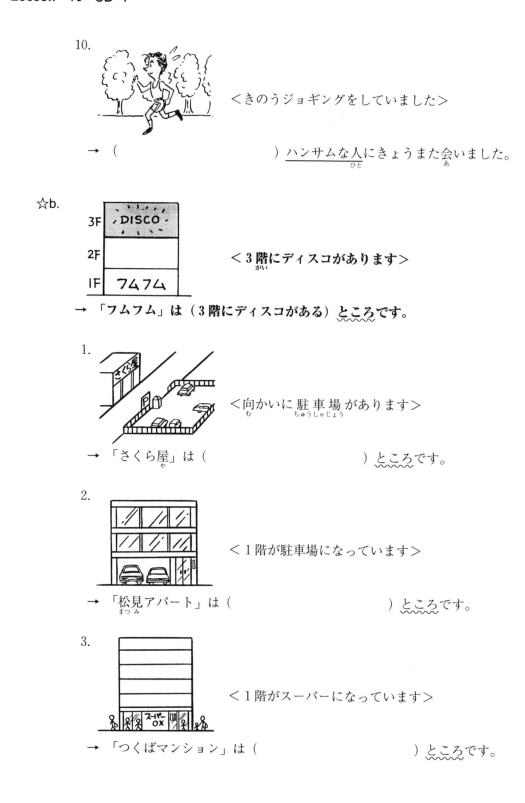

＜きのうジョギングをしていました＞

→ （　　　　　　　　　　　　　　　　）ハンサムな人にきょうまた会いました。

☆b.

3F　DISCO
2F
1F　フムフム

＜３階にディスコがあります＞

→ 「フムフム」は（３階にディスコがある）ところです。

1.

＜向かいに駐車場があります＞

→ 「さくら屋」は（　　　　　　　　　　　　）ところです。

2.

＜１階が駐車場になっています＞

→ 「松見アパート」は（　　　　　　　　　　）ところです。

3.

＜１階がスーパーになっています＞

→ 「つくばマンション」は（　　　　　　　　　　）ところです。

4. Practise as in the example:

疲れた ＋ 頭も痛い ⇨ もう帰りたい
→ 疲れたし、頭も痛いし、もう帰りたいです。

1. この事務室はコンピュータもない ＋ ワープロもない ⇨ 不便だ
2. あのレストランは高い ＋ サービスも悪い ⇨ 好きじゃない
3. テストも終わった ＋ あしたは休みだ ⇨ 遊びに行こう
4. 論文は進んでいない ＋ 仕事は見つからない ⇨ いやになる
5. 空気もきれいだ ＋ 静かだ ⇨ 散歩に行きたい
6. 日本の生活にも慣れた ＋ 日本語も上手になった ⇨ 毎日が楽しい
7. きょうは、雨も降っている ⇨ テニスは無理だ
8. お金もない ⇨ 旅行はやめておく
9. もう遅い ⇨ 帰らないか
10. 成田空港は遠い ＋ こんでいる ⇨ ？
11. おなかはすいた ＋ 荷物は重い ⇨ ？
12. 寮はせまい ＋ ？ ⇨ 早く出たい
13. 東京は物価は高い ＋ ？ ⇨ あまり住みたくない
14. ？ ⇨ 仕事がぜんぜん進まない

5. Practise as in the example:

きのうは ＜テレビを見る ＋ 手紙を書く ＋ ……＞ した。
→ きのうはテレビを見たり、手紙を書いたりした。

1. 週末は ＜手紙を書く ＋ 部屋をかたづける ＋ ……＞ した。
2. 毎日 ＜授業に出る ＋ 実験をする ＋ ……＞ している。

3. ＜泳ぐ ＋ テニスをする ＋ ……＞ して、運動している。

4. ＜資料を集める ＋ コピーをとる ＋ ……＞ して、先生の仕事を
手伝っている。

5. 国では、＜大学で教える ＋ 研究をする ＋ ……＞ して、毎日忙し
かった。

6. 先週は ＜友だちに会う ＋ ？ ＋ ……＞ して、楽しかった。

7. ひまになったら、＜ ？ ＋ ？ ＋ ……＞ したい。

8. 休みになったら、＜ ？ ＋ ？ ＋ ……＞ しようと思っている。

6. Make sentences as in the examples:

a. **日本語を話します ＋ おもしろいです**

→ **日本語を話すのはおもしろいです。**

1. 敬語を使います ＋ 難しいです

2. 外国で生活します ＋ 大変です

3. ほかの国の文化を知ります ＋ おもしろいです

4. 夜遅くまで仕事をします ＋ 体によくないです

5. あしたまでになおします ＋ 無理です

6. 7時までに迎えに行きます ＋ 無理です

b. **食べます ＋ 好きです → 食べるのが好きです。**

1. 電話をかけます ＋ 好きです

2. じょうだんを言います ＋ きらいです

3. 毎日ごはんを作ります ＋ いやです

4. コンピュータで遊びます ＋ 鈴木さんは好きです

5. こわれたものをなおします ＋ テリーさんは上手です

c. **リーさんが国へ帰りました ＋ 知っていますか**

→ **リーさんが国へ帰ったのを知っていますか。**

1. あさってテストがあります ＋ 知っていますか

2. きのう地震がありました　＋　知りませんでした

3. カメラを持ってきます　＋　忘れました

4. いっしょに散歩しました　＋　おぼえていますか

5. スミスさんの奥さんが病気です　＋　知っていますか

d. リサさんがテニスをしています　＋　見ました

→　リサさんがテニスをしているのを見ました。

1. 鈴木さんがリサさんといっしょにいます　＋　見ました

2. となりで電話がなっています　＋　聞こえました

3. 先生が講義をしていらっしゃいます　＋　見えました

4. アニルさんが歌を歌っています　＋　聞こえました

7. Make sentences as in the example:

私の趣味・本を読みます

→　私の趣味は本を読むことです。

1. 加藤さんの仕事・機械の設計をします

2. 林さんの趣味・ギターをひいたり、まんがを読んだりします

3. 鈴木さんの好きなこと・大きい声で歌を歌います

4. 私の好きなこと・朝早く散歩をします

8. Complete the sentences using「の」or「こと」.

1. 私の趣味は＿＿＿＿＿＿＿＿＿＿＿＿＿＿です。

2. ＿＿＿＿＿＿＿＿＿＿＿＿＿＿＿＿を見ました。

3. ＿＿＿＿は＿＿＿＿＿＿＿＿＿＿がきらいです。

4. ＿＿＿＿は＿＿＿＿＿＿＿＿＿＿が上手です。

5. ＿＿＿＿＿＿＿＿＿＿＿＿＿＿を知っていますか。

6. ＿＿＿＿＿＿＿＿＿＿＿＿はおもしろいです。

Conversation Drills

1. Making a proposal substantiated with a reason （S-1，2）

a. When A and B are friends

```
A：タクシー、｜ 呼ぼうか。 ↘
　　　　　　　　よ
　　　　　　　　 ｜ 呼ばない。 ↗

B：うん。

A：もうバスもないし、鈴木さんもよっぱらっちゃったし。
　　　　　　　　　　　　 すずき

B：うん、そう ｜ だね。 ↗ 👨
　　　　　　　　 ｜ ね。 ↗ 👩
```

　　＜proposal＞：タクシー、呼ぶ

　　＜reason＞　：もうバスもない・鈴木さんもよっぱらっちゃった

1. ＜proposal＞：まど、開ける
　　　　　　　　　　あ
　＜reason＞　：暑い・空気も悪い
　　　　　　　　あつ　くうき　わる

2. ＜proposal＞：そろそろ帰る
　　　　　　　　　　　かえ
　＜reason＞　：もう7時すぎだ・おなかもすいた
　　　　　　　　　じ

3. ＜proposal＞：ビール、飲みに行く
　　　　　　　　　　　の　い
　＜reason＞　：仕事も終わった・のどもかわいた
　　　　　　　　しごと　お

4. ＜proposal＞：ちょっと散歩する
　　　　　　　　　　　さんぽ
　＜reason＞　：天気もいい・風も暖かい
　　　　　　　　てんき　かぜ　あたた

5. ＜proposal＞：映画、見に行く
　　　　　　　　えいが　み
　＜reason＞　：午後は休講だ・レポートも出しちゃった
　　　　　　　　ごご　きゅうこう　　だ

6. ＜proposal＞：夏休み、旅行する
　　　　　　　　なつやす　りょこう
　＜reason＞　：テストも終わった・論文も出しちゃった
　　　　　　　　　　　　　　　ろんぶん

b. When A or B is a senior

2. Talking about calling a taxi （S-1）

a. When A and B are friends

> A：ねえ。今、何時。↗
> B：ええと。あ、もう12時だ。（Showing your watch）
> A：もう、バス、ないね。↘
> B：じゃ、タクシー呼ぼうか。↘
> A：そうだね。↗　じゃ、{ ぼく 🚹 / 私 🚹 }、電話する。

12時

1. 10時半　　　　2. 11時すぎ　　　　3. 12時になる

b. When A or B is a senior student

3. Calling a taxi by phone （S-3）

A：タクシー営業所（taxi station）　　　B：客（passenger）

> A：はい、やまとタクシーです。
> B：あ、すみません。
> 　　いま、緑町の「ノア」という喫茶店なんですけど。
> A：はい。緑町の「ノア」ですね。
> B：はい。大学の北のほうまで、お願いします。
> A：はい。お名前は。
> B：B です。
> A：B さんですね。
> B：はい。
> A：はい。わかりました。じゃ、5分ぐらいで行きますから。
> B：じゃ、よろしくお願いします。

<your location> ： 緑町の「ノア」という喫茶店
<your destination>：大学の北のほう

1. <your location> ：大学前のバス停

   <your destination>：松見駅

2. <your location> ：公害研究所

   <your destination>：松見大学

3. <your location> ：スポーツセンター

   <your destination>：大学病院

4. <your location> ：松見警察の前

   <your destination>：駅前ホテル

5. <your location> ：新町の「コスモス」という喫茶店

   <your destination>：松見駅の東口

6. <your location> ：緑町の「タロー」というレストラン

   <your destination>：いなり神社の近く

4．Giving a landmark （S-4a）

A：タクシー営業所 （taxi station）　　B：客 （passenger）

A：何か、目印になるものありますか。
B：ええと、松見公園の近くなんですけど。
A：ああ、緑町三丁目の交差点ですね。
B：ええ。

松見公園

緑町三丁目の交差点

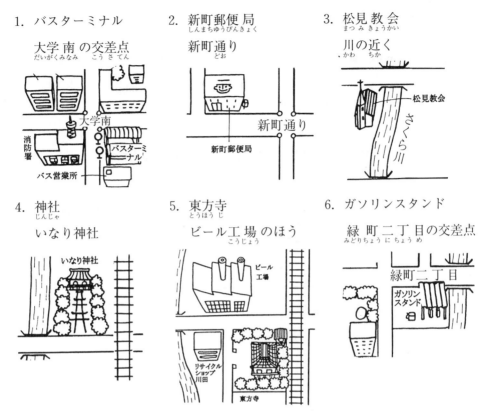

1. バスターミナル

　大学南の交差点
　だいがくみなみ こうさてん

2. 新町郵便局
　しんまちゆうびんきょく

　新町通り
　　どお

3. 松見教会
　まつみ きょうかい

　川の近く
　　かわ　ちか

4. 神社
　じんじゃ

　いなり神社

5. 東方寺
　とうほうじ

　ビール工場のほう
　　こうじょう

6. ガソリンスタンド

　緑町二丁目の交差点
　みどりちょう にちょうめ

5. Showing the turning point

A chooses from 1〜6, and shows the way. B marks the map.

A：二つ目のかどを右に　⎰曲がる　⎱んです。
　　ふた め　　みぎ　　⎱ま　　⎰
　　　　　　　　　　　　入る
　　　　　　　　　　　　はい

B：二つ目のかどを右ですね。

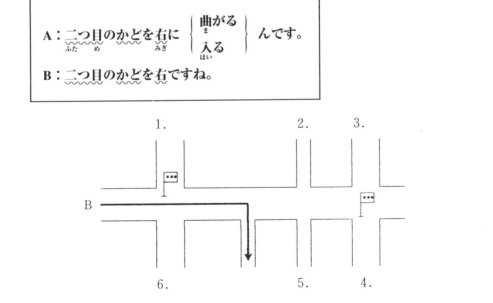

175

6. Showing the way（S-4b, S-4c）

a. Landmark: ●

A shows a landmark marked with ● following A's map.
B marks it with ● on B's map.

A：駅のほうからだと、その交差点を 左 に入るんです。
_{えき}　　　　　　　　　_{こうさてん}　_{ひだり}　_{はい}

B：はい。

A：そうすると、右側に「タロー」というレストランがあるんですけど。
　　　　　　_{みぎがわ}

B：ああ、「タロー」ですね。

A：ええ。

●：レストラン「タロー」

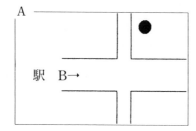 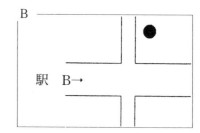

1. スーパー「みどり」　　2. 映画館「ピア」　　3. すし屋「松見ずし」
　　　　　　　　　　　　　　_{えいがかん}　　　　　　　_や　_{まつみ}

b. A's location：✕

Use the map used in a.
A marks A's location with ✕ on A's map following the given cue, then shows it to B. B marks it with ✕ on B's map.

A：その先の喫茶店です。
　　_{さき}　_{きっさてん}

　　2階がディスコになってるところなんですけど。
　　_{かい}

B：あ、わかりました。

✕：その先の喫茶店・2階がディスコになってる

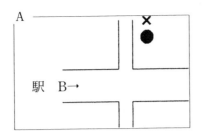
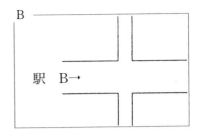

1. その手前の本屋　　　・2階が喫茶店になっている
　　てまえ　ほんや　　　　　　　かい　　きっさてん

2. その前のレストラン・「けやき」という名前
　　　まえ　　　　　　　　　　　　　　なまえ

3. そこ　　　　　　　・となりが駐車場になっている
　　　　　　　　　　　　　　　　　ちゅうしゃじょう

7. Giving instructions in a taxi（S-5）

a. Where to go:

> 大学の北のほうまでおねがいします。
> だいがく　きた

1. 新宿駅の東口
　　しんじゅくえき　ひがしぐち

2. 緑町三丁目の交差点
　　みどりちょうさんちょうめ　こうさてん

3. 松見小学校の近く
　　まつみしょうがっこう　ちか

4. 公害研究所
　　こうがいけんきゅうしょ

5. ビール工場の前
　　　　こうじょう

6. 成田空港
　　なりたくうこう

b. Where to turn:

> そのかどを右に曲がってください。
> みぎ　ま

1. その交差点・左
　　　　　　　ひだり

2. あの病院の手前・右
　　　　びょういん

3. 次の信号・右
　　　しんごう

4. あの駐車場の先・左
　　　　　　　さき

5. 次のかど・左

6. あのお寺のところ・左
　　　　てら

c. Where to stop:

> その信号の手前で止めてください。
> と

1. その橋の手前
　　　はし

2. ガソリンスタンドの先

3. そのビルの前

4. そのかどを右に曲がったところ

5. つきあたり

6. ここ

8. Role play

Make a dialogue with a classmate or your teacher, using the given map.

1. Calling a taxi by phone
   Decide your location and destination on the map. Then call a taxi by phone, following the flow-chart.

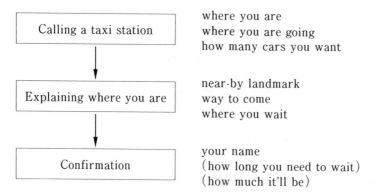

Calling a taxi station	where you are where you are going how many cars you want
Explaining where you are	near-by landmark way to come where you wait
Confirmation	your name (how long you need to wait) (how much it'll be)

2. Taking a taxi
   You're at a taxi station. Decide your destination on the map. Then, take a taxi and give appropriate instructions.

3. Giving instructions
   Decide the location of your apartment house on the map. A friend calls you from the station. Tell her/him how to get to your place.

Tasks and Activities

1. a. Listen to the tape. You will hear a telephone conversation between two people. One of them is giving directions to his apartment. Follow the directions, and fill in the numbers in the blanks on the map below.

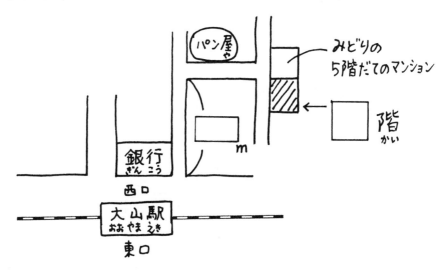

☆b. Using the map below, find the way to the company, inserting any landmark that is mentioned on the tape. Also, write in the distance that is mentioned.

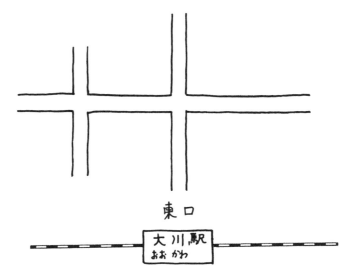

2. a. The teacher chooses a place on the map below, and one of the students gives directions for going from the station to a number of places. Determine which place was chosen, selecting from a to x.

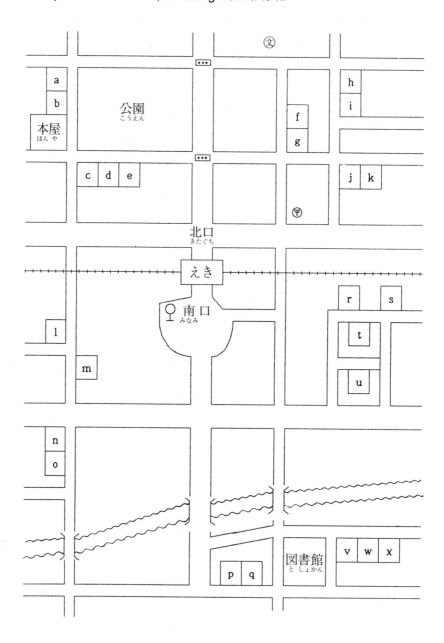

☆b. Write the directions to your home.

3. The following are some items which are used in Japan. Read the descriptions and match 1～10 with a～j.

1. ごはんをたくものです。　　　　　　　　　　（　　）
2. 糸を切るのに使います。　　　　　　　　　　（　　）
　　いと　き　　　つか
3. 計算をするとき使います。　　　　　　　　　（　　）
　　けいさん
4. 魚を焼くものです。　　　　　　　　　　　　（　　）
　　さかな　や
5. 字を書くのに使います。　　　　　　　　　　（　　）
　　じ　か
6. お金を入れて、人にあげるときに使います。　（　　）
　　かね　い　　　ひと
7. 学校に教科書を持っていくものです。　　　　（　　）
　　がっこう　きょうかしょ　も
8. 洗たくをするのに使います。　　　　　　　　（　　）
　　せん
9. お茶をたてるとき使います。　　　　　　　　（　　）
　　ちゃ
10. 花をいけるのに使います。　　　　　　　　　（　　）
　　はな

たく *to cook*　　糸 *thread*　　計算をする *to calculate*　　焼く *to grill*
　　　　　　　　いと　　　　　けいさん　　　　　　　　　　　や

教科書 *textbook*　　お茶をたてる *to make tea*　　花をいける *to arrange flowers*
きょうかしょ　　　　　ちゃ　　　　　　　　　　　　はな

a.

b.

c.

d.

e.

f.

g.

h.

i.

j.

4. a. "Omiai" is a Japanese traditional practice for selecting a potential partner for marriage. Listen to the tape. Akiko and her aunt are looking at some photos. Take notes of the conversation, and fill in the information about the three people in the photos below.

お見合い *arranged marriage*

名前	川口 光二	青山 孝弘	高木 信也
年齢	＿＿＿歳	２８歳	＿＿＿歳
職業	＿＿＿＿＿＿	＿＿＿＿＿＿	高校の教師
年収	６００万円	５５０万円	＿＿＿万円
趣味	読書	＿＿＿＿＿＿	旅行

教師 *teacher*　年収 *annual income*　読書 *reading*

182

b. Listen to the tape again and write down in the table below the good and bad points of the three people.

	川口　光二 かわぐち　こうじ	青山　孝弘 あおやま　たかひろ	高木　信也 たかぎ　しんや
いい			
よくない			

c. Talk about how people select a partner in your country. Do you have a similar custom? Discuss it.

5. Below is a description of a person and an essay about her summer holiday plans.

example

名前　　森山さくら
年齢　　30歳
仕事　　教師
家族　　夫と子ども1人（3歳）
趣味　　旅行が大好き
夏休み　3週間
その他　いつも忙しくて子どもとあまり遊べない

　　　夏休みの計画

　　　　　　　　森山　さくら
　夏休みには、家族といっしょに、小笠原諸
島に行こうと思う。小笠原は東京都だが、日
本で一番不便な島だ。船で30時間近くかかる
ので、長い休みでないと行けない。
　島では、一日中泳いだり、つりをしたりし
て、のんびりしようと思う。いつも仕事でい
そがしくて、子どもとあまりいっしょにいら
れないので、たくさん遊んでやろう。

計画 *plan*　　小笠原諸島 *the Ogasawara Islands*　　島 *island (s)*
つり *fishing*　　のんびりする *to relax*

There are three people described below. Suppose you were one of them. Write a short essay about what kind of summer holidays you would plan to have.

名前　山本和夫
　なまえ　やまもとかずお
年齢　45歳
　ねんれい　さい
仕事　会社員
　しごと　かいしゃいん
家族　妻と子ども3人（12歳，9歳，7歳）
　かぞく　つまこ　にん
夏休み　1週間
　なつやす　しゅうかん
趣味　つり，写真をとること
　しゅみ　しゃしん
その他　会社が忙しくて、疲れている。
　た　いそが　つか

名前　佐々木博
　なまえ　ささきひろし
年齢　27歳
　ねんれい　さい
仕事　会社員
　しごと
家族　なし（独身）　　　（独身 single）
　かぞく　　どくしん
夏休み　10日間
　なつやす　かかん
趣味　映画を見ること
　しゅみ　えいが　み
その他　ガールフレンドがいるが、遠くに住んでいる
　た　　　　とお　す
　のであまり会えない。
　　あ

名前　小林ひとみ
　なまえ　こばやし
年齢　25歳
　ねんれい　さい
仕事　会社員
　しごと
家族　両親と妹（22歳）
　かぞく　りょうしん　いもうと　さい
夏休み　7日間
　なつやす　かかん
趣味　スポーツ
　しゅみ
その他　静かなところよりにぎやかなところが好き。
　た　しず　　　　　　　　　　　　　す

☆6．Suppose we are going to a safari park next Sunday.

a. If we want to be there by 11：00 A.M., which train and bus should we take?
Use the timetables on the next page.

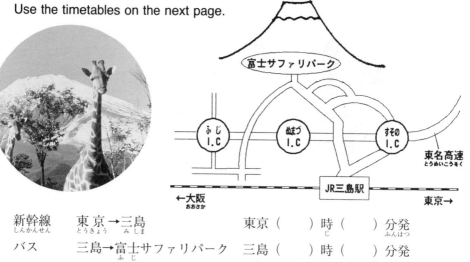

新幹線 しんかんせん	東京→三島 とうきょう　みしま	東京（　　）時（　　）分発 じ　ふんはつ
バス	三島→富士サファリパーク ふ じ	三島（　　）時（　　）分発

b. Using the guide below, find out how much the fare and the admission fee
would be for two adults.

富士サファリパーク 入 場 料
　　　　　　　にゅうじょうりょう
　　大人 ………… 2500円
　　おとな
　　子供 ………… 1400円
　　こども

JR　東京〜三島
　　運賃 ………… 2160円
　　うんちん
　　特 急 料 金 ‥ 2150円
　　とっきゅうりょうきん

バス　三島〜富士サファリパーク
　　運賃 ………… 930円

入 場 料　*admission fee*
にゅうじょうりょう
大人 *adult*　　子供 *child*
おとな　　　こども
運賃 *fare*　　特 急 料 金 *express surcharge*
うんちん　　とっきゅうりょうきん

＿＿＿＿＿＿＿円

（写真提供：
　　富士サファリパーク ）

186

Train timetable

東海 西日本 ⊙ 東海道・山陽新幹線 下り（その3）

予約コード	02411	01081		01209	01037	01347	01211		01105	02413	01083		02415	11007		01157	01213	02417	01039		01215
列車名	こだま 411	ひかり 81		ひかり 209	ひかり 37	ひかり 347	ひかり 211		ひかり 105	ひかり 413	ひかり 83		こだま 415	のぞみ 7		ひかり 157	ひかり 213	こだま 417	ひかり 39		ひかり 215
季節・臨時					◆								◆								
発車番線	⑮	⑱		⑰	⑮	⑮	⑯		⑰	⑭	⑱		⑭	⑭		⑯	⑲	⑭			⑱
東京 発	803	807		814	821	821	828		831	835	842		845	856		900	903	907	923		914
新横浜 〃	820	823			837	837	↓		848	851	↓		902			920	944	↓			↓
小田原 〃	844			↓	↓	↓	↓			912	↓		929			↓	955	↓			↓
熱海 〃	855			↓	↓	↓	↓			923	↓		940			↓	1009	↓			↓
三島 〃	909			↓	↓	↓	↓			934	925		955			↓	1023	↓			↓
新富士 〃	923			↓	↓	↓	↓			947	↓		1006			↓	1037	↓			↓
静岡 着発	937 938			↓	↓	↓	↓		1001	1000 948	945		1019 1026			↓	1058	↓			↓
掛川 〃	958			↓	↓	↓	↓		1024	1024	↓		1045			↓	1111	↓			↓
浜松 〃	1012			↓	↓	↓	↓		1036	1036	1024		1058			↓	1131	↓			↓
豊橋 〃	1031			↓	↓	↓	↓		1056	1056	↓		1115			↓	1152	↓			↓
三河安城 〃	1052			↓	↓	↓	↓		1114	1114	↓		1130			↓	1206	↓			↓
名古屋 着発	1106 1107	959 1001		1002 1004	1014 1016	1014 1016	1017 1019		1024 1025	1024 1129	1049 1050		1143	1033 1035		1052 1053	1206 1207	1059 1101			1102 1104
岐阜羽島 〃	1120			↓	↓	↓	↓			1144	↓		↓			↓	1220	↓			↓
米原 着発	1135 1142			↓	↓	↓	↓		1050 1054	1200 1201	1050		↓			↓	1235 1242	↓			↓
京都 着発	1206 1207	1045 1047		1049 1050	1059 1100	1059 1100	1102 1104		1118 1120	1225 1226	1133 1134		1111 1112			1136 1153	1306 1307	1145 1147			1149 1150
新大阪 着	1223	1104		1107	1117	1117	1120		1136	1243	1150		1126			1153	1323	1204			1207
発着番線	㉔	㉑		㉓	㉑	㉒	㉒		㉑	㉔	㉑		㉑			㉒	㉔	㉔	㉑		㉔
新大阪 発着		1106 1120			1119				1138 1153		1152 1207			1128		1142 1157	1206 1220				
新神戸 〃									1207		1227			↓		↓	↓				
西明石 〃					1150				1220					↓		1216	↓				
姫路 着発					1154				1221		1228			1216		1216	↓		1300		
相生 〃		1200			1223				1251		1254		1211	1242		1242	↓		1301		
岡山 着発		1201			1224				1251		1255		1212	1243		1243	↓				
新倉敷 〃		1229			1244						1312			1305		1305	↓				
福山 〃											1328			↓		↓	↓				
三原 〃											1338			↓		↓	↓				
東広島 〃											1345			↓		↓	↓				
広島 着発		1301			1314						1402 1414		1251	1336		1336	↓		1347		
新岩国 〃					1315								1252	1337		1337	↓		1355		
徳山 〃													↓	1405		1405	↓		1436		
新山口 着発					1355								↓	1421		1421	↓		1437		
小郡 〃					1355								↓	1425		1425	↓				
新下関 着					1414								1342	1450		1450	1504				
小倉 〃					1424								1400	1511		1511	1525				
博多 着					1445																
到着番線				⑭					⑭					⑬		⑪			⑬		
食堂 ビュフェ カフェテリア	J·D	J·D		SPS	J·D		J·D		J·D	J·D	J·D					SPS	J·D	J·D			J·D

Bus timetable

富 士 山・御 殿 場 高 原

浜松町・新宿—富士山五合目間の高速バスは746ページ参照

▲五合目と新五地点ですので

10/25 現在　降雪状態により時刻変更や運休することがあります。

御殿場駅—新五合目（御殿場口）間・新富士駅—五合目間は運転中（7/1～8/31運転予定）　御殿場駅—新五合目（須走口）間は運転中（4/

全便11/26まで運転（11/27から運休）　△＝土曜・休日運休　斜字＝休日運転

	930		1005 1040 1305	○河口湖駅 ▲1218 ○ 1248 1318 1418 154
	1022	△	1057 1132 1212 1357 1700	○五 合 目 1130 △ 1200 1230 1330 150

斜字＝休日運転　日本ランドHOWスキー場へはスキー場営業期間のみ運転	920 1035 1430	円	●三　　島　　駅 1215 1539 1739		○河 口 湖 駅 930 1500 円
	1018 1133 1532	1040	○富士サファリパーク 1119 1443 1643		955 1525 ▼ 650 ○富士天神
	1038 1146 1548 1390		○日本ランドHOWゆうえんち 1100 1430 1624		全便12～3月のスキー場営
	1045 1153 1559 1560		○日本ランドHOWスキー場 1052 1422 1616		○沼
930 1030 1245 1325 1440	● 御 殿 場 駅 ▲1141 1302 1418 1436 1616 1651	円		930 円	●沼 840 円
1008 1108 1218 1323 1403 1518 740	○富士サファリパーク 1103 1224 1340 1358 1538 1613			940 1012 1010 1140 ●富士
1022 1122 1232 1417 1532 1140	○日本ランドHOWゆうえんち 1050 1211 1345 1525 1600			958 1025 1380 1480 ○日本
1029 1129 1239 1424 1539 1320	○日本ランドHOWスキー場 1043 1204 1338 1518 1553			1005 ▼1550 ○日本
斜字＝休日運転　日本ランドHOWスキー場へはスキー場営業期間のみ運転				細字＝休日運転　斜字 日本ランドHOWスキー場へは

［日本交通公社出版事業局発行、「JTB時刻表」1995年12月号より転載］

A P P E N D I X

◀ **C.D. Check** ▶

L 9

1. a. Listen to the dialogue and choose the correct picture.

1)　　　　　2)　　　　　3)

b. Listen to the dialogue and choose the correct pictures.

b-1. 1)　　　　　2)　　　　　3)

4)　　　　　5)　　　　　6)

b-2. 1) 階段でころんで、手をけがしました。
　　　　かいだん　　　　　　て

　　2) 自転車から落ちて、足をひねりました。
　　　　じてんしゃ　　お　　　あし

　　3) 階段から落ちて、足をひねりました。

c. Listen to the dialogue and choose the correct passage.

　　1) きのうからおなかが痛くて、熱が8度5分あります。
　　　　　　　　　　　　　　　　　　いた　　ねつ　　ど　ぶ

　　2) きのうから頭が痛くて、熱が7度5分あります。
　　　　　　　　　あたま

　　3) けさからせきがひどくて、熱が7度8分あります。

2. a. ♪♬, b. Listen to the dialogues and get their meanings.

3．a．Fill out the consultation card according to what you have heard.

受　診　カ　ー　ド

　　　　　　　　　　平成　　年　　月　　日

氏名（　　　　　　　　　）男・女

1．きょうは、どうして病院に来ましたか。

　　　　（　　　　　　　　　　　　　　　）

2．それは、いつからですか。

　　　　（　　　　　　　）日／週／月　前

3．熱はありますか。　　　（　　）度（　　）分

4．アレルギーがありますか。

　　　　はい／いいえ　　　何ですか（　　　　　）

5．何か薬を飲んでいますか。

　　　　はい／いいえ　　　何ですか（　　　　　）

6．たばこをすいますか。

　　　　はい／いいえ　　　1日（　　　）本ぐらい

b．Listen to the tape and choose the correct passage.

1）アニルさんは、きのうの朝から、かぜをひいたと言っています。
熱は、8度ぐらいあります。

2）アニルさんは、2、3日前から、おなかが痛いと言っています。
熱はありません。

3）アニルさんは、きのうの朝から、せきがひどくて、のどが痛いと言っています。
熱は8度5分あります。

4．Listen to the dialogue and choose the correct marker.

Q1．シャルマさんは、何番ですか。

1）246　　2）265　　3）256

Q2. シャルマさんは、どんな薬をもらいましたか。

　　1）抗生物質とげりどめです。
　　　　こうせいぶっしつ

　　2）抗生物質といたみどめです。

　　3）抗生物質とせきどめです。

Q3. いつ飲みますか。

　　1）食前　　2）食後　　3）4時間ごと
　　　　しょくぜん　　　しょくご　　　　じかん

5. Listen to the dialogue and fill in the blanks according to what you have heard.

　　a．女の人は、（　　　　　　）さんのことを（　　　　　　　）に話しています。
　　　　おんな　ひと　　　　　　　　　　　　　　　　　　　　　　　　　　　　　　はな
　　　　（　　　　　　）さんは、（　　　　　）から（　　　　　　　　）ので、
　　　　きょうのクラスを（　　　　　　　　　　　　　）と言っています。
　　　　　　　　　　　　　　　　　　　　　　　　　　　　　　　　い

　　b．女の人は、（　　　　　　）さんのことを（　　　　　）に話しています。

　　　　（　　　　　）さんは、（　　　　　）から（　　　　　　）が痛くて、
　　　　　　　　　　　　　　　　　　　　　　　　　　　　　　　　いた
　　　　熱が（　　）度（　　）分あるので、（　　　　　　）に行くと言ってい
　　　　ねつ　　　　　ど　　　　ぶ　　　　　　　　　　　　　　　　い
　　　　ます。

L 10

1. Listen to the dialogues a and b without looking at the drillbook, and fill in the blanks.

    a. エレベータで（　　　　　）階へ行きます。

    b. おもちゃ売り場は（　　　　　）階です。

2. b. c. Listen to the model dialogues and get their meanings.

3. a. b. Listen to the model dialogues and get their meanings.

4. Listen to the dialogues without looking at the drillbook, and fill in the blanks.

    a. ♪（　　　　　）ほうがいい。

      ♬（　　　　　）ほうがいい。

    b. （　　　　　）のが一番いい。

5. Listen to the dialogue without looking at the drillbook, and fill in the blanks.

    a. この人は（　　　　　）歳ぐらいの $\left\{ \begin{array}{l} 1)\ 男性 \\ 2)\ 女性 \end{array} \right\}$ の友だちにプレゼントを
さがしています。

6. Listen to the dialogues and fill in the blanks.

    a. （　　　　　）はいいですが、（　　　　　）がよくありません。

    b. （　　　　　）はいいですが、（　　　　　）がよくありません。

L 11

1. Listen to the dialogues a and b without looking at the drillbook, and fill in the blanks.

    a. 本の題名 （　　　　　　　　　　　　　　　）
　　　　　ほん　だいめい

    b. 本の題名 （　　　　　　　　　　　　　　　）

2. Listen to the dialogues a and b without looking at the drillbook, and fill in the blanks.

    a. ♪ 本の題名 （　　　　　　　　　　） ・ （　　　　　　） 円
　　　　　　　　　　　　　　　　　　　　　　　　　　　　　　　　えん

    　　♬ 本の題名 （　　　　　　　　　　）

    b. 本の題名 （　　　　　　　　　　） ・ 注文 （　　　　） 冊
　　　　　　　　　　　　　　　　　　　　　　　　　ちゅうもん　　　　さつ

    　　出版社 （　　　　　　　　　　）
　　　　　しゅっぱんしゃ

    　　著 者 （　　　　　　　　　　）
　　　　　ちょ　しゃ

3. a. ♪, ♬ Listen to the model dialogues and get their meanings.

5. Listen to the dialogues and choose the appropriate answers.

    a. この人は、
　　　　　　　ひと
    　　1) 先週
　　　　　　　せんしゅう
    　　2) きのう
    　　3) おととい
　　　本を注文しましたが、
    　　1) ありませんでした。
    　　2) 見つけませんでした。
　　　　　　　み
    　　3) 取りけしました。
　　　　　　　と

    b. （　　　　　　　） さんは、この本屋で先週 『日本の教育の歴史』 という本を
　　　　　　　　　　　　　　　　　　　　　　　　　にほん　きょういく　れきし
    　　1) 買いました。
　　　　　　　か
    　　2) 注文しました。
    　　3) 取りけしました。

6. Listen to the dialogue and get the telephone number of the customer.

    電話番号 （　　　　　　） － （　　　　　　　　）
　　　でんわばんごう

7. Listen to the dialogues and fill in the blanks.

    a. 名前 （　　　　　　　　） 国 （　　　　　　　　　）
　　　　　なまえ　　　　　　　　　　　くに

    b. ♪♬ 名前 （　　　　　　　　） 国 （　　　　　　　　　）

L 12

1. Listen to the dialogue and choose the correct answer.

Q 1. 女の人はどこに行きたいのですか。
    1) 郵便局　　2) 銀行　　3) 安井カメラ

Q 2. 何分ぐらいかかりますか。
    1) 10分　　2) 20分　　3) 30分

2. Listen to the dialogue and choose the correct answer.

男の人は、どこに行きたいのですか。
    1) 大阪駅　　2) 東京駅　　3) 京都駅

3. a. Listen to the dialogue and mark Midori department store on the map.

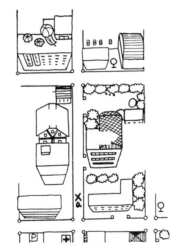

b. Listen to the dialogue and show the way to NTT on the map.

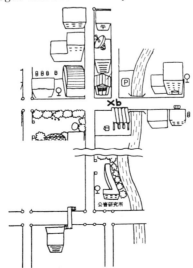

c．Listen to the dialogue and show the way to Tennodai Hotel on the map.

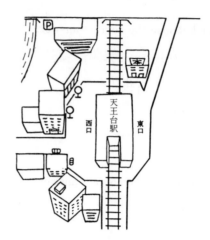

5．a．Listen to the dialogue and answer the following questions.

Q1．男の人はどこに行きたいのですか。
　　おとこ　ひと　　　　　　　　　い
　　（　　　　　　　　　　　　）

Q2．何線に乗りますか。
　　なにせん　の
　　（　　　　　　　　　　　　）

Q3．大手町からいくつ目で降りますか。
　　おおてまち　　　　　　　め　お
　　（　　　　　　　　　　　　）

b．Listen to the dialogue and mark where Ginza is.

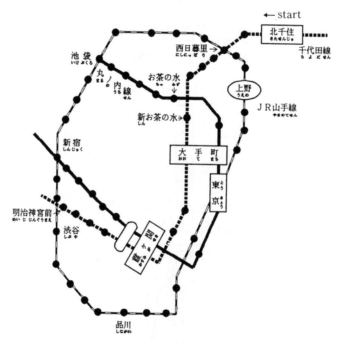

6. Listen to the tape and mark the Aizuchi.

a.

1. ここを まっすぐ 行くと バス停が ありますから そこを 右に 曲がってください。

2. あそこに 大きい道が あるでしょう そこを 右に 曲がって 50メートルぐらい 行くと 歩道橋が あるから それを 渡ると 左側にあります。

3. 経済研究所の 前ですね そこから 歩道橋が 見えますか その歩道橋を渡ると 喫茶店が ありますから その先の 細い道を 曲がってください 20mぐらい行くと 左側に 白い家が あります そこが 私の家です。

b. c. Listen to the correct timing of Aizuchi.

7. a. Listen to the dialogue and get the meaning.

b. Listen to the dialogue and fill in the blanks.

A：もしもし。田中さんのお宅ですか。

B：はい。田中です。

A：リサです。こんにちは。今（　　　　　　　　　　）にいるんですが。

B：（　　　　　　　　　）ですか。

A：はい。

B：そこから、歩道橋が見えますか。

A：ええ。

B：その歩道橋を（　　　　　）と、喫茶店がありますから。

A：歩道橋を（　　　　）と、喫茶店ですね。

B：ええ。その先の細い道を（　　　　　　　　　　　　）。

A：（　　　　　　　　　　）。

B：はい。

A：（　　　　　　　　　　　）行くと、左側の白い家です。

B：左側の白い家ですね。

A：ええ。

B：どうもありがとう。じゃ、また。

L 13

1: a. Listen to the dialogue without looking at the drillbook and choose the correct picture.

1) 宿題をわすれた。
しゅくだい

2) 遅くなった。
おそ

3) やくそくをわすれた。

b. Listen to the dialogue and choose the correct answer.
To whom is this man apologizing ?

1) 友だち
とも

2) 先生
せんせい

3) 先輩
せんぱい

2. a. Listen to the dialogue without looking at the drillbook and choose the correct picture.

1) 会議が長くなった。
かいぎ なが

2) 指導教官に会っていた。
しどうきょうかん あ

3) ゼミが長くなった。

b. Listen to the dialogue without looking at the drillbook and choose the correct passage.

1) 男の人は友だちが遅れて、遅くなりました。
おとこ ひと おく

2) 男の人は友だちと昼ご飯を食べていて、遅くなりました。
ひる はん た

3) 男の人は指導教官と会っていて、遅くなりました。

c . Listen to the dialogue b without looking at the drillbook and choose the correct passage.

1) 男の人は保健センターに行っていて、遅くなりました。

2) 男の人は保健センターに行っていて、電話をかけませんでした。

3) 男の人は保健センターに行っていて、返事が遅くなりました。

3 . a . Listen to the dialogue a without looking at the drillbook and choose the correct passage.

この人は鈴木さんにだれを紹介していますか。

1) イギリスから来たリサさん。

2) 木村研究室のリサさん。

3) この間お話ししたリサさん。

b . Listen to the dialogue and choose the picture which describes B).

1)  2)  3)

4 . a . Listen to the dialogue and choose the correct passage.

1) 男の人の趣味は音楽です。好きな音楽はジャズです。

2) 男の人の趣味は音楽です。好きな音楽はスラッシクです。

3) 男の人の趣味は音楽です。好きな音楽はカラオケです。

b . b-1 Listen to the dialogue and choose the picture of the most favourite food.

1)  2)  3)

b-2　Listen to the dialogue and choose the correct passage.

1）女の人はさしみは好きですが、てんぷらは食べられません。

2）女の人はてんぷらは好きですが、すしは食べられません。

3）女の人はてんぷらは好きですが、さしみは食べられません。

c．Listen to the dialogue and fill in the blanks with what you have heard.

A：日本語がお上手ですね。

B：いえ、とんでもありません。（　　　　　　　　　　　　　）。

A：そうですか。

　　もうどのくらいやっているんですか。

B：そうですね。（　　　　　　　）ぐらいでしょうか。

A：（　　　　　　　）ですか。すごいですね。

B：いえ。（　　　　　　　　　　　　）。

5．Listen to the dialogue and fill in the blanks with what you have heard.

A：（　　　　　　　　　　）探しているんだって。

B：ええ。

A：それなら、ぼくのをあげてもいいよ。

B：えっ、でも、（　　　　　　　　　　　）。

A：ええ、どうぞ。使ってください。

B：じゃ、（　　　　　　　　）。どうもありがとうございます。

L14

1. a. b. ☆c. Listen to the dialogues without looking at the drillbook, and get their meanings.

2. Listen to the dialogue and get the telephone number.

   (　　　　　) － (　　　　　　　)

3. a. Listen to the sentences and mark with △ where Aizuchi are given.

   ex. ええと、常総バスの営業所の　電話番号は △74の △5946です。

   1) その角を　右に曲がると　遺失物係が　ありますから、そこで
   聞いて　ください。

   2) 営業所は　朝　9時から　夕方　5時まで　開いて　いますから、
   取りに　来て　ください。

   3) 遺失物係の　電話番号は　03の　3441の　3258で、
   朝8時半から　夕方　6時まで　です。

   4) そこの　階段を　上がると、　左に　事務室が　あるんです。
   で、　事務室に　入ると、　右側に　たなが　ありますから、
   そこに　ある　大きい　紙袋を　持ってきて　ください。

4. a. Listen to the dialogue and fill in the blanks.

   けさ、(　　　　　　) 行きの (　　　　　　) の中に (　　　　　　) の
   紙袋を忘れました。

5. Listen to the dialogue a and b to choose the correct picture.

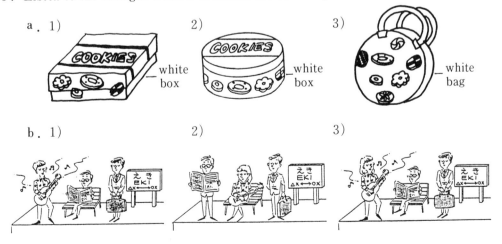

a. 1) ― white box 2) ― white box 3) ― white bag

   b. 1) 2) 3)

6. a ♪♬, ☆b ♪♬ Listen to the dialogues and get their meanings.

L 15

1. Listen to the dialogues and choose who she is talking with.

    a. 1) 友だち　　2) 先輩（senior）　　3) 先生
　　　　　　とも　　　　　　　せんぱい　　　　　　　　せんせい

    b. 1) 友だち　　2) 先輩（senior）　　3) 先生

2. Listen to the dialogues and answer the question in Japanese.
　What are they talking about?

    a. ♪, ♬ (　　　　　　　　　　)　　b. ♪, ♬ (　　　　　　　　　　)

3. Listen to the dialogues and answer the question in Japanese.
　Who are they talking about?
　a-1, a-2. (　　　　　　　　　　)　　☆b-1. (　　　　　　　　　　)

5. Listen to the dialogues and choose the correct word or phrase.

    a. 女子学生は ⎰1) エキスパートシステム⎱ の本をさがしています。
　　　　じょしがくせい ⎱2) 経営システム⎰ ほん
　　　　　　　　　　　　　けいえい
　　　　　　　　　　　3) 医学の診断システム
　　　　　　　　　　　　いがく　しんだん

    b. 貸し出し係（男）は本を ⎰1) 待って⎱ います。
　　　　か　だ　がかり　おとこ　　　　ま
　　　　　　　　　　　　　　　　　2) 見せて
　　　　　　　　　　　　　　　　　　み
　　　　　　　　　　　　　　　　　3) さがして

    c. その本はいま ⎰1) ここにあります。
　　　　　　　　　　2) ここにありません。
　　　　　　　　　　3) 貸し出しできません。

6. Listen to the dialogues and choose the correct phrase.

    a. 男子学生が借りたい本は ⎰1) いま借りられません。
　　　　だんし　　　か　　　　　2) 貸し出しできません。
　　　（The book he wants）
　　　　　　　　　　　　　　3) ほかの人が借りています。
　　　　　　　　　　　　　　　　　ひと

    b. 女子学生が借りたい本は ⎰1) 貸し出しできますが、コピーはできません。
　　　　　　　　　　　　　　2) 貸し出しはできませんが、コピーできます。
　　　（The book she wants）
　　　　　　　　　　　　　　3) 貸し出しもコピーもできません。

7. Listen to the dialogues and write the answers in Japanese or numbers.

    a-1. How long can he borrow the book?   (   ) 週間
                                         しゅうかん

    a-2. When must he return the book?   (   )の(   )日
                                                          ひ

    b. Does she know how long she can borrow books?（はい／いいえ）

☆8. Listen to the dialogues and choose the correct answer.
        What is he/she worrying about?

    a. 1）本   2）雨   3）友だち
                    あめ

    b. 1）本   2）雨   3）友だち

L 16

1．a．Listen to the dialogue and choose the correct word or phrase.

二人はこれから
ふたり
1) 歩いて帰ります。
ある　かえ
2) バスに乗ります。
の
3) タクシーを呼びます。
よ

2．a．Listen to the dialogue and write the correct word or number.

いま夜中 (*midnight*) の（　　　　）時です。（　　　　　　）がないので
よなか　　　　　　　　　　　　　　　　じ
（　　　　　　　）でタクシーを呼びます。

3．Listen to the dialogue and answer the questions.

1）女の人はいまどこにいますか。　　「ノア」という（　　　　　　　）
おんな　ひと
2）女の人はどこへ行きますか。　　　大学の（　　　　　　）のほう
い
3）女の人の名前は。　　　　　　　　（　　　　　　）さん
なまえ

4．Listen to the dialogue and choose the correct picture.

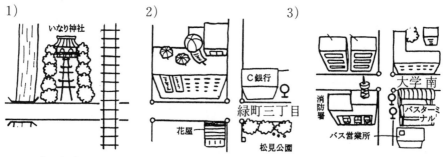

5．Listen to the dialogue and choose the correct picture.

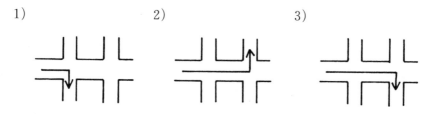

6．Listen to the dialogue and mark on the map.

a．Mark the restaurant 'Taro' with ●.

b．Mark where the woman is with ×.

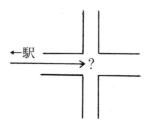

7 . Listen to the expressions and choose the correct picture.

a. 1)   2)   3)

  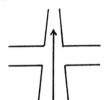

b. 1)   2)   3)

 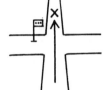 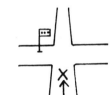

c. 1)   2)   3)

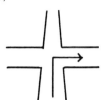 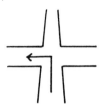

■ 索　引（さくいん）　　　Index

◉この索引の使い方

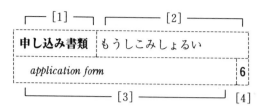

[1] the word
[2] the reading of the kanji
[3] the meaning of the word
[4] the number of the lesson

Abbreviations

s.th. = *something*　　*s.o.* = *someone*

大阪　おおさか		
place name	1	
お母さん　おかあさん		
s. o. else's mother	14	
おかえし		
change＝おつり	2	
（お）かし		
sweets	13	
おかしい		
funny, strange	15	
（お）金　おかね		
money	3	
沖縄　おきなわ		
place name	1	
起きる　おきる		
to get up, to wake up	5	
置く　おく		
to put, to place	6	
奥様　おくさま		
s.o. else's wife	13	
奥さん　おくさん		
s.o. else's wife	13	
送る　おくる		
to send	14	
遅れる　おくれる		
to be late	8	
お子さん　おこさん		
s.o. else's child	14	
（お）酒　おさけ		
alcohol, sake	3	
教える　おしえる		
to teach	3	
おじゃまする		
to disturb	13	
押す　おす		
to push, to seal	6	
遅い　おそい		
late	13	
（お）茶　おちゃ		
tea (green)	3	
落ちる　おちる		
to drop, to fall	8	
おっしゃる		
to say (keego)	9	
夫　おっと		
my husband: husband in general	14	
（お）つり		
change	3	
（お）手洗い　おてあらい		
toilet	4	

（お）寺　おてら		
Buddhist temple	16	
音　おと		
sound	12	
お父さん　おとうさん		
s.o. else's father	14	
弟　おとうと		
my younger brother	12	
弟さん　おとうとさん		
s.o. else's younger brother	14	
男の子　おとこのこ		
boy	4	
男の人　おとこのひと		
man	4	
落とす　おとす		
to drop, to let fall (s.th.)	11	
おととい		
the day before yesterday	9	
おなか		
stomach, abdomen	8	
お兄さん　おにいさん		
s.o. else's elder brother	14	
お姉さん　おねえさん		
s.o. else's elder sister	14	
お願いする　おねがいする		
to request	7	
（お）ふろ		
bath, bath room	5	
おぼえる		
to memorize, to learn	11	
（お）水　おみず		
water	3	
重い　おもい		
heavy	6	
思う　おもう		
to think	11	
おもしろい		
interesting	6	
おもちゃ		
toy	10	
泳ぐ　およぐ		
to swim	5	
降りる　おりる		
to come down, to get off (a vehicle)	12	
オレンジ		
orange	10	
オレンジジュース		
orange juice	3	
おろす		
to withdraw (money)	12	

客 きゃく		
guest, customer		16
キャンパス		
campus		10
九／9 きゅう, く		
nine		2
休講 きゅうこう		
class cancelled		16
九州 きゅうしゅう		
district name		1
休診 きゅうしん		
no consultation		7
給料 きゅうりょう		
salary, pay		13
きょう		
today		2
教育 きょういく		
education		1
教会 きょうかい		
church		16
教室 きょうしつ		
classroom		4
京都 きょうと		
place name		1
去年 きょねん		
last year		8
きらい（な）		
to dislike		13
切らす きらす		
to run out		11
切る きる		
to cut		9
着る きる		
to wear		10
きれい（な）		
beautiful, clean		6
～kg／～km／～キロ		
～ kilograms/kilometers		10
銀行 ぎんこう		
bank		2
金曜日 きんようび		
Friday		5

[く]

九／9 く, きゅう		
nine		2
空気 くうき		
air		10
空港 くうこう		
airport		5

九月／9月 くがつ		
September		7
薬 くすり		
medicine		8
くださる		
to give		13
くだもの		
fruit		3
口 くち		
mouth		9
くつ		
shoes		10
くつ下 くつした		
socks		10
国 くに		
country		1
暗い くらい		
dark, gloomy		10
クラシック		
classic		13
クラス		
class		8
～g／～グラム		
～ grams		10
来る くる		
to come		2
苦しい くるしい		
difficult to breathe		9
車 くるま		
car		8
グレー		
grey		10
くれる		
to give		13
黒 くろ		
black		10
黒い くろい		
black		10

[け]

経営 けいえい		
business administration		1
敬語 けいご		
keego		16
経済 けいざい		
economics		1
警察 けいさつ		
police		14
掲示板 けいじばん		
bulletin/notice board		5

211

石油 せきゆ		
petroleum, oil	15	
設計 せっけい		
plan, design	16	
説明する せつめいする		
to explain	8	
せなか		
back	9	
せまい		
narrow, small	10	
ゼミ		
seminar	8	
0 ゼロ，れい		
zero	2	
千／1000 せん		
one thousand	2	
先月 せんげつ		
last month	5	
専攻 せんこう		
one's major	6	
先週 せんしゅう		
last week	5	
先生 せんせい		
teacher, professor	1	
ぜんぜん		
not at all (＋ neg.)	15	
仙台 せんだい		
place name	1	
せんたく機 せんたくき		
washing machine	4	
〜cm／〜センチ		
〜 centimeters	10	
先輩 せんぱい		
one's senior	13	
全部（で） ぜんぶで		
(in) total	2	
洗面所 せんめんじょ		
washroom	14	
専門 せんもん		
major, field of study	1	

[そ]

そうじ機 そうじき		
vacuum cleaner	13	
そうじする		
to clean (a room, etc.)	9	
相談する そうだんする		
to consult (with)	7	
ソース		
sauce	3	

速達 そくたつ		
special delivery	2	
そこ		
there	4	
卒業する そつぎょうする		
to graduate	12	
そっち		
there (casual)	4	
そで		
sleeve	10	
その〜		
that 〜	4	
そのまま		
as it is, as they are	15	
それ		
that	4	
それから		
and, also	2	
それなら		
in that case	13	
そんなことない		
not really	13	

[た]

ターミナル		
terminal	14	
〜体 〜たい		
〜 style	10	
体育 たいいく		
physical education	1	
大学 だいがく		
university	1	
大学院 だいがくいん		
graduate school	1	
大学正門 だいがくせいもん		
university main entrance	12	
大使館 たいしかん		
embassy	12	
だいじょうぶ（な）		
all right	7	
大変（な） たいへんな		
hard to do	9	
題名 だいめい		
title	11	
高い たかい		
expensive	6	
高い たかい		
tall, high	10	
たくさん		
many, much	7	

タクシー
taxi 5

〜だけ
only 〜 9

出す だす
to put out, to send 2

出す だす
to submit 6

立つ たつ
to stand up 5

宅急便 たっきゅうびん
delivery service 5

建物 たてもの
building 12

たな
shelf 4

頼む たのむ
to ask, to request 15

タバコ／たばこ
cigarettes 3

食べ物 たべもの
food 14

食べる たべる
to eat 3

たまご
egg 3

試す ためす
to try 10

だめ(な)
no good 8

だれ
who? 2

だるい
weary, listless 9

誕生日 たんじょうび
birthday 7

男性 だんせい
man, male 10

[ち]
小さい ちいさい
small, little 6

チーズ
cheese 3

チーズサンドイッチ
cheese sandwich 3

ちがう
to differ 7

近く ちかく
close to 4

地学 ちがく
geology 1

地下鉄 ちかてつ
subway, underground 12

チキンカレー
chicken curry 3

父 ちち
(my) father 10

千葉 ちば
place name 1

茶 ちゃ
tea 3

茶色 ちゃいろ
brown 10

〜中 ちゅう
during 〜 7

注意する ちゅういする
to warn, to be careful 15

中央線 ちゅうおうせん
Chuo Line 12

中古 ちゅうこ
used 13

駐車場 ちゅうしゃじょう
parking lot 4

注文する ちゅうもんする
to order 3

注文票 ちゅうもんひょう
order form 11

調査 ちょうさ
survey 15

ちょうどいい
just right 10

〜丁目 〜ちょうめ
〜 chome 16

著者 ちょしゃ
author 11

ちょっと
a little, for a while 2

地理 ちり
geography 1

[つ]
一日／1日 ついたち
the 1st of the month 7

使う つかう
to use 5

疲れる つかれる
to get tired 9

つきあたり
the end (of streets, etc.) 16

中　なか
inside 　4

長い　ながい
long 　6

なかなか
not so well (＋ neg.) 　15

なくす
to lose 　13

名古屋　なごや
place name 　1

なさる
to do (keego) 　9

夏　なつ
summer 　10

夏休み　なつやすみ
summer vacation 　9

七／7　なな，しち
seven 　2

七つ　ななつ
seven 　3

何　なに
what? 　2

何色　なにいろ
what colour? 　10

何語　なにご
what language? 　4

七日／7日　なのか
the 7th of the month 　7

ナポリタン
spaghetti tomato sauce 　3

名前　なまえ
name 　5

習う　ならう
to learn 　3

並べる　ならべる
to line up (s.th.) 　15

なる（電話）
to ring (phone, etc.) 　16

なれる
to get used, to get accustomed 　15

何　なん
what? 　1

何時　なんじ
what time? 　7

何とか　なんとか
somehow 　15

何人　なんにん
how many? (persons) 　3

何名（さま）　なんめいさま
how many? (persons)(polite) 　3

[に]

二／2　に
two 　2

二月／2月　にがつ
February 　7

にぎやか（な）
lively, crowded 　6

肉　にく
meat 　3

二十四日／24日　にじゅうよっか
the 24th of the month 　7

〜日　〜にち
counter for days 　7

〜日（間）　〜にちかん
〜 days 　11

日米　にちべい
U.S.-Japan 　11

日曜日　にちようび
Sunday 　5

日本　にほん
Japan 　1

日本語　にほんご
Japanese language 　1

日本酒　にほんしゅ
sake 　3

日本人　にほんじん
Japanese (people) 　1

日本文学　にほんぶんがく
Japanese literature 　13

荷物　にもつ
package 　5

入院する　にゅういんする
to be hospitalized 　9

ニュース
news 　14

〜入門　〜にゅうもん
introduction to 〜 　11

〜人　〜にん
〜 people 　3

人形　にんぎょう
doll 　14

[ね]

ネクタイ
tie 　10

ねこ
cat 　4

値段　ねだん
price 　10

Compiled and Edited by:

General editor	Otsubo, Kazuo	大 坪 一 夫
Authors	Akutsu, Satoru	阿久津　　智
	Ichikawa, Yasuko	市 川 保 子
	Emura, Hirofumi	江 村 裕 文
	Ogawa, Taeko	小 川 多恵子
	Kano, Chieko	加 納 千恵子
	Kaiser, Stefan	カイザー シュテファン
	Kindaichi, Kyoko	金田一 京 子
	Kobayashi, Noriko	小 林 典 子
	Komiya, Shutaro	小 宮 修太郎
	Saegusa, Reiko	三 枝 令 子
	Sakai, Takako	酒 井 たか子
	Shimizu, Yuri	清 水 百 合
	Shinya, Ayuri	新 谷 あゆり
	Tochigi, Yuka	栃 木 由 香
	Tomura, Kayo	戸 村 佳 代
	Nishimura, Yoshimi	西 村 よしみ
	Hashimoto, Yoji	橋 本 洋 二
	Fujimaki, Kikuko	藤 牧 喜久子
	Ford, Junko	フォード 順子
	Homma, Tomoko	本 間 倫 子
	Yamamoto, Sonoko	山 本 そのこ
	Yokoyama, Noriko	横 山 紀 子
	Watanabe, Keiko	渡 辺 恵 子
Cover design	Robles, Maria Elizabeth	ロブレスM.エリザベス
Illustrator	Teshigahara, Midori	勅使河原　　緑

SITUATIONAL FUNCTIONAL JAPANESE
VOLUME TWO: DRILLS

1992年4月10日	初　版第1刷発行	
1994年4月20日	第2版第1刷発行	
2008年11月25日	第2版第7刷発行	

著　者　　筑波ランゲージグループ

発行所　　株式会社 凡 人 社

〒102-0093 東京都千代田区平河町1－3－13

電話 03－3263－3959

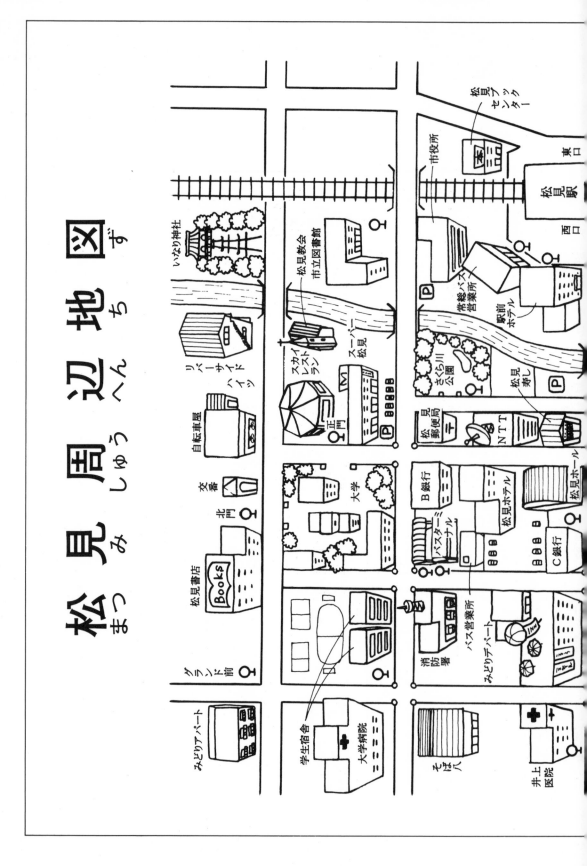

松見周辺地図
まつみ しゅうへん ち ず

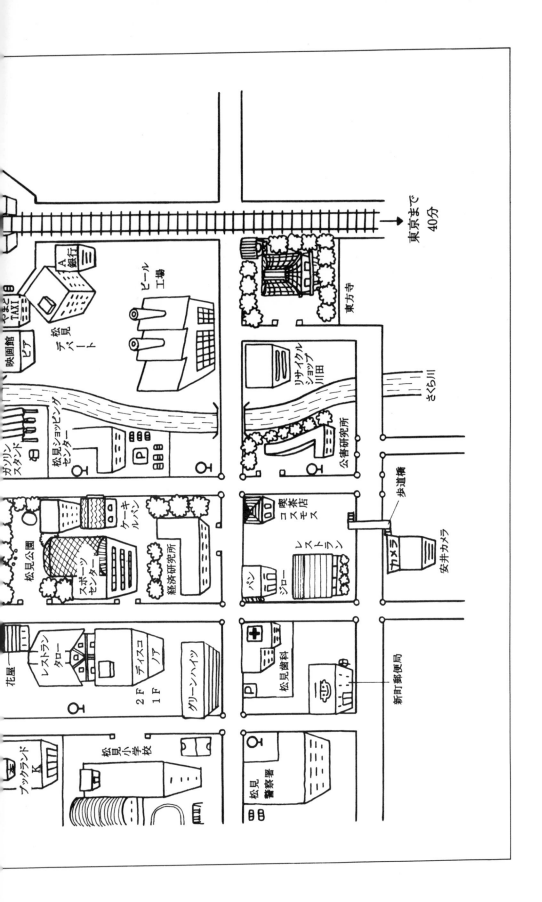